Heinrich Preschers

Das neue graue Ungeheuer

Heinrich Preschers

Das neue graue Ungeheuer

ISBN/EAN: 9783743623743

Hergestellt in Europa, USA, Kanada, Australien, Japan

Cover: Foto ©ninafisch / pixelio.de

Weitere Bücher finden Sie auf **www.hansebooks.com**

Das
neue graue Ungeheuer

Herausgegeben
von
einem Freund der Menschheit.

Viertes Stück.

Wahrheit ist gut Ding.
D. Luther.

Altona.
Bey Aloys Ritter.
1796.

I.

Andenken an einen Deutschen, der ein Opfer der fränkischen Revolution wurde.

(Fortsetzung.)

Unter die Edleren dieser neuen Bürger Frankreichs, wenn man will, unter die edleren Schwärmer gehörte auch Adam Lux. Wer ihn darum haßt, weil jenes Feuer, das einen Cato, einen Scaevola beseelte, auch in ihm glühte, der lese nicht weiter. Kalter Mensch ohne Leidenschaft — du kannst sein Richter nicht seyn.

Adam Lux wurde nebst Potocky und Forster nach Paris an den Nationalkonvent abgesandt, um die Vereinigung von Mainz mit Frankreich zu bewürken. Er kam gerade in einer Epoche an, wo die Unterdrückung der Girondisten durch den Berg begann, und da er die persönliche Bekanntschaft mehrerer Girondisten zu machen Gelegenheit hatte; so schloß sein Herz sich an sie an. Allein er sah keine Hofnung zum Siege für die Freunde der Wahrheit und des Rechts. Wenn die Republikaner geschworen hatten, daß der König wenigstens unter den Trümmern der Republik begraben werden sollte, so schwor dagegen die große Verschwörung des Auslands, daß die Republikaner fallen, und die grimmigste Despotie die Freyheit ablösen solle. Der König fiel, aber das Königthum kam nicht wieder; die Republikaner fielen auch, und — Dank sey es dem Schutzgeist der Menschheit! — die Republik fiel nicht mit ihnen, denn der Rest der geächteten Edeln siegte endlich, und Vergniauds Manen stürzten den neuen Tyrannen vom erkrochenen Throne.

Wer konnte aber damals diesen Sieg ahnen, als immer mächtiger und mächtiger Robespierre und seine Bösewichter sich erhoben, als jede Hofnung in trübe Nacht verschwand, und selbst der Republikaner oft, von Schmerz überwältigt, den alten Despotism den Gräueln des Tags vorzog? — Ich kann mich nicht enthalten, aus einer neuen Zeitschrift die kräftige

Schil=

Schilderung des damaligen Zustands von Frankreich abzuschreiben. Man kann ja das Andenken an diese schrecklichen Erfahrungen nicht zu oft erneuern:

„Die Preßfreyheit war vernichtet. Des „Todes und der Kerker Schrecken fesselten Zun„ge und Federn. Nur die Lüge der Gewalt „hat mich geschrieben und gesagt, weil das „Stillschweigen selbst Verbrechen ist. An die „Stelle der öffentlichen Ueberzeugung tritt ein „öffentlicher Irrthum: Trug, den jeder in eben „dem Maaße zu bekräftigen arbeitet, als sein „Gemüth Beschuldigung des Unglaubens fürch„tet. Einhellig gehen die Bürger unter das „Joch eines Antriebes gespannt, der ihr Ge„wissen empört, und, während an den Grän„zen eine Fluth heroischer Krieger Triumphe an „Triumphe reiht, sieht Entsetzen auf der Scene „des Innern, im Gefolge von Schindern und „ihren Schlachtopfern, nichts als blödsinnigen „Pöbel, der Beyfall jauchzt, und eine knechti„sche Versammlung, die stumm den Freveln „das ehrwürdige Siegel des Volkes leiht. Sie, „zur Erlösung gesandt, sie, deren Gebot vor „Kurzem den Thron und seinen Monarchen zer„schlug, wirft sich, und die Nation gebunden, „unter die Sohle von Missethätern!

So

So stellte sich die Zukunft auch dem guten Adam Lux dar. Mit einem Enthusiasmus, dessen wenige Deutsche fähig sind, beschloß er zu Anfange des Mays den Tugenden seiner Freunde, der Girondisten, öffentlich an den Schranken des Convents zu huldigen, und sich zur Bestätigung der Wahrheit den Dolch des Cato in die Brust zu stoßen. Seine Freunde, noch auf Rettung vertrauend, widerriethen ihm das vergebliche Opfer, indem sie ihm die gutgesinnten Departements zeigten.

Der edle traurende Mann verschloß seinen herzangreifenden Kummer in sich selbst. „Verschlossen, sagt ein Augenzeuge (entfernt von „der Gesellschaft kehrte er meistens nur des „Abends bey Eröfnung des Schauspiels in die„selbe zurück) brachte er den übrigen Tag auf „einsamen Spaziergängen, besonders in dem „Holze von Boulogne zu, wo er unter dem er„quickenden Schirme einer Eiche bald in den „Briefen des Brutus an Cicero, bald in an„dern alten Schriftstellern sich mit den großen „Republikanern des Alterthums vertraut mach„te. — Ich traf ihn mehrmals auf seinen „Spaziergangen. Seine Stirne war Falten„los, seine Stimme ruhig, wie die eines den„kenden Mannes: der erste Blick seines Auges „schien mitten in einer Art von glänzender Hei„terkeit,

„terkeit, dem Gepräge seiner Seelenruhe zu
„schwimmen."

Der 31. May erschien, und die Würklichkeit erfüllte Luxens furchtbarste Ahndungen. Umsonst wafneten sich die mittäglichen und westlichen Departements zu Gunsten der in ihren Stellvertretern beleidigten Nationalkonvention — der nämliche Herr von Puisaye, den hernach Pitt für seine schändlichen Verrätherepen dadurch belohnte, daß er ihm auftrug, einige Tausende von französischen Ausgewanderten dem Tode preiß zu geben, verrieth auch damals die Sache der Deputirten.

Charlotte Corday — wer kennt das Heldenmädchen nicht — stieß den Dolch der Rache in Marats verbrecherische Brust. Lux begegnete dem Zuge, der sie zum Schaffot führte. Gleich einer Siegerin, verklärten Antlitzes, wandelte sie unter der tobenden Menge, als feyerte man ihren Triumph. „Lux (sagt der „Einsender eines Aufsatzes in der Monatsschrift „Klio) glaubte eine aristokratische Schwärme„rin zu finden, und fand eine Republikanerin, „die, nachdem sie dem Rache fordernden Vater„land den hohen Tribut gebracht hatte, die „Gesetze zu versöhnen, mit einem Blick dem „Tode entgegen gieng, der ihrem Wesen noch
drey

„drey Schritte vor dem Schaffot jene verklärte
„Gestalt zu geben schien, die ihr erst jenseits
„desselben zu Theil werden sollte: man hatte
„ihm von einer alten Betschwester gesprochen,
„und er fand ein Mädchen in der vollkommen-
„sten Jugendblüthe, ein Mädchen, dem die
„nahe Gegenwart des Todes keine der Rosen
„rauben konnte, die ihre Wangen schmückten."

Lux folgte Charlotten bis ans Schaffot.
Der Heldenmuth, womit sie das Todesgerüst
bestieg, die sanfte Schaamröthe, die selbst das
drohende Beil nicht zurückschrecken konnte, als
die Blutknechte ihr den jungfräulichen Busen
entblößten — nichts entgieng seinem Blicke.
Lux vermochte es nicht, seine Empfindungen
feig in sich selbst zu verschließen. Während
ganz Paris vor Charlottens Mördern bebte,
schrieb Lux — der ächte den Tod verachtende
Republikaner — eine Lobrede auf die Corday,
und eine Schrift gegen den 31. May, worin
er die Urheber dieses Tages der Gegenrevolution
in ihrer ganzen Schändlichkeit darstellte — zwey
Schriften, welche bey der damaligen Lage der
Dinge in Frankreich ihn nothwendig auf das
nämliche Schaffot führen mußten, auf welchem
das Blut der Corday geflossen war.

Mit welcher Ergebung er sein Schicksal erwartete, leuchtet aus einem Briefe an einen
seiner

seiner Mitbürger hervor, den er in dem Augenblicke schrieb, wo er der Verhaftnehmung entgegen sah:

„Da eine Schrift (so lautet dieser Brief)
„die ich ohne Ihr Wissen verfaßte, und dem
„Drucke übergab, im Publikum erscheinen wird,
„da mich die Verfolgungen, welche sie mir zu-
„ziehen wird, in Ungewißheit über den Augen-
„blick meiner Verhaftnehmung laßen; so kom-
„me ich jedem Ereigniß zuvor, um Ihnen ein
„Lebewohl in diesen Zeilen zu sagen. Ich er-
„kläre Ihnen hierin förmlich, daß ich meine
„Betrachtungen ohne Ihr Wissen niedergeschrie-
„ben habe; ich erkläre dieß nicht sowohl, um
„Ihnen einen Streit über die Art, womit ich
„unsre politische Lage ansehe, und die von der
„Ihrigen abweicht, zu ersparen, sondern vor-
„züglich deswegen, weil ich die Erbitterung der
„Inquisition kenne, und Niemanden, als mich
„selbst, der Gefahr aussetzen will. Glauben
„Sie ja nicht, daß ich Thor genug sey, um
„nicht das Schicksal vorauszusehen, welches
„mir eine Schrift bereitet, die um so mehr die
„Machthaber verwunden muß, da sie mich nicht
„persönlich beleidigt haben. Allein, mein Grund-
„satz ist, daß man, was es auch kosten möge,
„laut der gerechtesten Parthey folgen müsse.
„Meine Uneigennützigkeit und mein Gewissen
„wer-

„werden mich, wie ich hoffe, für das Schicksal
„entschädigen können, welches meiner wartet.
„Ich bin sehr vergnügt darüber, mit Ihnen
„während unsrer Verbannung gelebt zu haben,
„ich danke Ihnen für alle mir erwiesenen Freund-
„schaftsdienste, und umarme sie von Herzen.
„Leben Sie wohl.

Adam Lux.

Umsonst wandte Forster, Luxens Freund und Hausgenosse, alles an, um diesen, wenigstens zur Unterdrückung der zweyten Schrift: über den 31. May, zu bewegen. Lux beharrte standhaft auf seinem Entschluß.

Seine Verhaftnehmung erfolgte. Ein Kommissair des Revolutionsausschusses fragte ihn, ob er Verfasser der beyden Schriften sey. „Ja, „Kamerad, antwortete Lux, ich bins, und hier „ist das einzige Exemplar, das ich noch davon „besitze." Während das Protokoll aufgenom„men wurde, frühstückte Lux gelassen.

Eben so betrug er sich vor dem Sicherheitsausschusse, eben so im Gefängnisse la Force, wo die Tyranney Republikaner, wie Miranda, Vergniaud, Valazé ꝛc. versammelt hatte. Wedekind machte einen Versuch, ihn zu retten, indem er ins Journal de la montagne einen Auf-
satz

saß einrücken ließ, worin Lux als ein Schwärmer dargestellt würde, denn die Liebe zu Charlotte Corday den Kopf verrückt hätte; mit Un-
willen forderte Lux Lavaur, den Redakteur
des Journals, zum Widerruf auf.

Lux schrieb im Gefängnisse mehrere Briefe
an seinen Freund Vogt und seine Gattin,
Briefe, welche das Gepräge der zärtlichsten Liebe und wärmsten Freundschaft tragen. In einem Briefe an Vogt bittet er seinen Freund,
den Coadjutor von Dalberg seiner Achtung
zu versichern.

Von seinem Ende befindet sich in einer
neuern Schrift: Histoire d'un detenu etc. folgende Stelle:

„Adam Lux, merkwürdig wegen seines Ka-
„rakters eines Deputirten der Stadt Mainz,
„und seiner Bewunderung der außerordentli-
„chen Corday, sah dem Tode mit dem höchsten
„Grade stoischer Ruhe entgegen. Er sprach mit
„uns gerade über die Gefahr der Leidenschaf-
„ten und den Mangel der Beurtheilungskraft,
„der eine feurige und unverdorbene Seele be-
„ständig über das Ziel hinausreißt, als man
„ihm rief, um ihn seine Anklageakte zuzustellen:
„er las sie mit Kaltblütigkeit und steckte sie mit
„Achselzucken in die Tasche."

„Hier,

"Sehet, sagte er zu uns, — mein Todes-
"urtheil. Dieses Gewebe von Abgeschmacktheit
"führt den Repräsentanten einer Stadt auf das
"Schaffot, die mich abgeschickt hat, um euer
"zu werden. Ich endige im 28. Jahre meines
"Alters ein elendes Leben; — morgen werde
"ich kalt, wie dieser Stein, seyn! Allein, sagt
"denen, die euch von mir sprechen werden, daß,
"wenn ich den Tod verdient habe, es nicht un-
"ter den Franken war, wo ich ihn empfangen
"sollte. — Sagt ihnen, daß ich seine Annähe-
"rung mit Ruhe und Verachtung gesehen habe.
"Er brachte die Nacht mit Schreiben zu —
"frühstückte mit Appetit, gab seinen Mantel ei-
"nen unglücklichen Gefangenen, erschien um
"3 Uhr vor dem Tribunal und war um 6 Uhr
"nicht mehr."

Der Wagen, auf welchem Lux fuhr, nahm
den Weg längst der Seine und der Mauer von
dem Garten der Thuillerien. Mit dem Ver-
urtheilten fuhr eine Frau, der er Muth ein-
sprach, indeß er den wenigen Leuten, die ihm
auf seinem Todeswege begegneten, immer den
Namen der Volkstyrannen nannte. Er bestieg
das Schaffot, rief: es lebe die Republik, und
trat in eine Welt, wo Sidney und Barneveld,
Corday und Bergniaud ihn erwarteten.

So

"So schließt sich der Auffatz über Lux in der "Klio, so starb ein Mann, deſſen Leben eine "Reihe von Tugenden war, in Frankreich bey= "nahe in dem Augenblick auf dem Schaffot, wo "die Königsſoldaten ſeine Wohnung in Flam= "men ſetzten, und in Deutſchland auf ſeinen "Namen das Anathem eines gefürſteten Prie= "ſters ruhte — ein Anathem, das die Prie= "ſter mit der rothen Kappe zu Paris voll= "ſtreckten."

II. Schrei=

II.

Schreiben eines Deutschen an Louvet, Stellvertreter des fränkischen Volks.

Bürger!

Männer, wie Du, Bürger! Männer, welche zwischen Dolchen und Leichnamen der Tyranney und den Blutgerüsten getrotzt haben; Männer, welche in dem Augenblicke, wo es ihnen eine kleine Heucheley gekostet hätte, von verblendeten Millionen vergöttert zu werden, Muth genug besaßen, dieser aufgereitzten Menge die eherne Brust entgegen zu stellen; Männer, welche bey einer Jahrelangen Todesangst, unsicher selbst in Höhlen und unter traurigen Ruinen, bey allem Abscheu gegen Pöbeltyranney dennoch das heilige Feuer zu bewahren wußten, welches in ihrem Busen glimmte, um die Menschheit für Freyheit zu erwärmen. — Männer dieser Art braucht man nicht erst persönlich zu kennen, um sich ihnen zu nähern. Wer denkt, wie sie, ist ihnen

ihnen verwahrt; die kleinliche Etikette, welche unter Alltagsmenschen regelmäßig beobachtet werden muß, kann bey ihnen übersprungen werden, ihr Geist versteht gleichgestimmte Geister, und jede aufrichtige Meynung fürs Beste der Menschheit wird willig von ihnen angehört und geprüft, erschalle sie aus der brausenden Menge oder von beredtem Munde eines Volksstellvertreters, oder schreibe sie die Feder eines Mannes nieder, der durch Berge und Thäler vom Lande der Freyheit getrennt ist.

Edler Louvet! ich könnte Dir sagen, daß auch ich manches für die Sache der Freyheit gewürkt und gelitten habe; daß auch mir manche Rosenblüthe meines Lebens durch den Despotism gebrochen wurde; daß auch ich standhaft und unerschrocken den Stürmen um mich her getrotzt habe; und vielleicht kosteten mich meine Aufopferungen um so mehr, da ich in einem Lande lebe, wo das Gekreisch der Freyheitsfeinde zu mächtig ist, als daß die einzelne Stimme des rechtschaffenen Freundes der Menschheit nicht gleich übertönt werden sollte; da rings um mich her Aristokratie jeder Art Macht genug besitzt, um den einzelnen, der dagegen zu kämpfen wagt, als einen Wahnwitzigen zu behandeln, und die kühnen Wahrheiten, die er sagen kann, als lächerliches Geschrey nach Unruhe dar-

darzustellen — aber wozu sollte ich Dir einen einzigen kostbaren Augenblick rauben, um dich von meiner individuellen Lage zu unterhalten? Wichtigere Dinge fordern Deine Aufmerksamkeit. Die Geschichte meiner Meynungen aber kann ich um des folgenden willen doch nicht ganz mit Stillschweigen übergehen. Die fränkische Revolution berührte mich, wie mit einem elektrischen Schlag. Ein dumpfer, trüber Nebel lag vor dieser merkwürdigen Begebenheit über Europa, welchen nur auf Augenblicke einige Sonnenstrahlen erleuchteten. Verlohren und unterdrückt waren alle Begriffe; die edelste Wissenschaft, die Philosophie, herabgewürdigt zum scharfsinnigen Spielwerk einzelner Männer in verschlossenen Zimmern; die Künste geduldet, als Mittel zur Befriedigung des Luxus einiger Großen. Was man Aufklärung nannte, bestand in witzigen Einfällen, welche nicht selten mehr gegen Moralität und Rechtschaffenheit, als gegen jenes Gewebe von Fabeln gerichtet waren, die man Religion zu nennen beliebte. Die Großen, entzückt darüber, daß der Geist der Zeit ihre öfters nur zu grimmigen Feinde, die Priester, in bloße Stützen der Despotie umgewandelt hatte, ließen es zu, wenn Gelehrte mit den Priestern stritten, um sich an diesen Kämpfen zu ergötzen. Uebrigens wenn richtige Begriffe über die der Menschheit wichtigsten Gegenstände

stände nur noch im Contrakt social und einigen ähnlichen Schriften und bey wenigen einzelnen Männern verschlossen. Dem Staate dienen, hieße den Fürsten fröhnen, des Volks Interesse besorgen, hieß — einem Despoten Mittel anzeigen, seine Verschwendungen fortsetzen zu können. Armselig eingeschränkt auf den Kreis seines Jochs, suchte jeder von dem allgemeinen Raube sich einen Theil zuzueignen, das Volk duldete, und die Großen schwelgten.

So war die Lage der Dinge im südlichen Deutschland, wenige Modifikationen ausgenommen, fast überall und unter allen Regierungen. Selbst ein **König**, Friedrich II. konnte Verachtung des Menschengeschlechts wegen seiner Herabwürdigung unter despotische Schwächlinge nicht bergen. Dieser Mann (denn man muß Wahrheit sprechen) huldigte manchem verkannten Menschenrecht. Aber erst nach jener großen Begebenheit in Frankreich zeigten sich die Flammen des heiligen, bisher unter der Asche beynahe erstickten Feuers. Es loderte plötzlich empor, entzündet von dem Blitze, der in Frankreich den Thron der Tyranney so mächtig zerschmetterte.

Auch ich, ausgerüstet von der Natur mit einigen Fähigkeiten, genährt mit dem Geiste

B   des

des alten Roms, dessen Heroen mich mehr anzogen, als die kalten, kraftlosen Geschöpfe, die, erdrückt von ihrem Zeitalter, in der würklichen Welt um mich her wandelten, fieng mein Leben erst von diesem Zeitpunkt an zu rechnen. Da erneuerten sich ja wieder jene Thaten der Vaterlandsliebe, der uneigennützigen Hingebung, die mein Herz so oft, aber bisher nur in Geschichtbüchern, erwärmt hatten, da durchbrachen ja ihre Gräber die Geister eines Curtius, eines Scaevola, um über Beaurepaire und Charlotte Corday zu schweben, und in dem fürchterlichen Gewühle von Großthaten, Freveln und Intriken erhielt die Menschheit wieder eine Art von Charakter.

Was die argwöhnische Tyranney von euren Blättern über die Gränze ließ, wurde von mir mehr verschlungen, als gelesen. Ich zitterte mit den Männern des 10. Augusts vor den Schlangengängen des Hofs, bebte mit den braven Vertheidigern des Vaterlandes, als die Fahne des Auslandes auf den Wällen des verrathenen Longwy und Verdun wehte, und jauchzte, als der Thron fiel.

Bald aber gab die Lage von Frankreich neuen Stoff zur Angst nicht nur jedem Franken, sondern jedem, der ein Herz für die Menschheit im Busen

Busen trug. Robespierrens großer Meister, Pitt, wollte die Freyheit, die er nicht bezwingen konnte, wenigstens entstellen, die Völker sollten die Sklaverey mit den Emblemen der himmlischen Göttin geschmückt sehen, die himmlische Göttin selbst verkennen, und sich in die Arme der Könige werfen, um vor den Mordthaten, die im Tempel jenes Schandbildes vorfielen, sich gesichert zu sehen.

Frankreichs Senat glich einem Tollhause, in welchem ein Unterdrücker herrscht, dessen wahnsinnige Lügen die übrigen mit thörichten Phrasen bekräftigten; eine Versammlung, vor kurzem noch so ehrwürdig, von der die Menschheit ihre Rettung erwartete, schien bloß da zu seyn, um den Freveln einiger Bösewichter ihr Siegel zu leihen; alle Organe der öffentlichen Meynung waren in den Händen einer Faktion, die sich nicht einmal Mühe gab, ihre freyheitsmordenden Unverschämtheiten unter einigen Schleyer zu verhüllen. Verschwunden waren die Gründer der Republik, die Sprecher für Recht und Menschenglück, nur die Todenlisten der Guillotine verkündeten ihre Namen dem staunenden Auslande. Neue Patrioten, aus der Hefe des Hofs, traten an ihre Stelle, plündern hieß der Gleichheit huldigen, morden die Freyheit verbreiten.

Nein!

Nein! es war nicht möglich, daß irgend ein ächter Republikaner die Hand der Despotie in dieser Verwirrung aller Grundsätze, aller Ruhe, aller Ordnung hätte verkennen können. Die Wahrheit leuchtete selbst aus den schändlichen Blättern hervor, durch welche jene Verräther ihre Mördereyen als Großthaten verkündeten. Dank sey es den verkehrten Maaßregeln der auswärtigen Despoten, daß die gemißhandelten Franken sich nicht den Tygern an der Gränze in die Arme warfen, um den Hyänen im Innern zu entgehen.

O Tage des Schmerzens! Tage der Gräuel, wie sie noch kein Jahrhundert sah! Aus wie vielen edlen Herzen möget ihr den Glauben an Menschenkraft, an Menschentugend gerissen haben? Freyheit, Volkswohl, Tugend, alles was nur heilig war, galt den schändlichen Tyrannen als Losungswort? So war denn endlich kein Name mehr ehrwürdig genug, um nicht einem Bösewicht zu Erreichung seiner menschheitmordenden Entwürfe gedient zu haben!

Edler Louvet! Da war die Freyheit in Gefahr! Da sollte sie entstellt werden von ihren Priestern, wie es den Priestern der Religion gelang, diese zu entstellen. Da that es Noth, zu warnen, zu rufen, laut zu rufen: Verkennt ihr

ihr Völker, die Freyheit nicht! Es ist Tyranney, was man jenen geblendeten Augen aufstellt, es ist Frevel, was man euch erblicken läßt! O schmäht die Göttliche nicht, um ihres verworfenen Nachbilds willen! O seht eure Tyrannen, wie sie über ihr Werk hohnlächeln! Schon öfnen sie ihre Arme, als wollten sie euch gleich Vätern an das Herz drücken! In der Umarmung werden sie euch mit Ketten fesseln und dann würgen! O flieht nicht zu schnell von jenem Schreckbild, es wird schwinden, und die Holde, Himmlische, die ihr jetzt fürchtet, wird bald wieder in vollem Glanze erscheinen.

So warnte auch ich, edler Louvet, und hatte den Glauben an eine beßre Zeit in meinem Herzen gerettet. Hätte ich jenen Götzen gehuldigt, den die Marats Freyheit nannten, die Tyrannen meines Landes, mit den Tyrannen Frankreichs einverstanden, hätten mich nicht verfolgt; aber, weil mich die Maske nicht täuschte, so irrte ich, fast wie du, vogelfrey in meinem Vaterlande umher. Die Verräther! als sie gegen dein Vaterland zu Felde zogen, gaben sie vor, die Frechheit, den Raub, die Plünderung zu bekämpfen. Die Frechheit war es nicht, was sie haßten; sie selbst hatten sie ja hervorgerufen — es war nicht Marat, den sie verabscheuten — lieber sahn sie Robespierren an

B 3 der

der Spitze des Convents, als sie einen Washington, einen Briffot selbst unter einer konstitutionellen Monarchie gesehen haben würden! Sie jubelten, als die Republikaner unter der Sense des Todes fielen.

Endlich erschien der 9. Thermidor, und Gerechtigkeit und Friede schienen mit ihm zurückzukehren. Eine gesetzmäßige Freyheit begann die Anarchie zu veringern, der Terrorism war vernichtet, die Pestluft, welche über Frankreich dumpf und drückend lag, verwehte ein milder Frühlingshauch. Gottes Donner vernichtete die großen Verbrecher, aber so wie in den alten Feenschlössern statt des bekämpften Drachen, der die Eingänge bewacht, ein neues Ungeheuer dasteht; so zeigte sich jetzt hohnlächelnd und um 6 Jahre klüger, auch der Royalism wieder.

Stolze Republikaner! diese sechs blutigen Jahre haben nicht euch allein unendlich reicher an Erfahrungen gemacht, auch der Royalism ist erfahrner, feiner, furchtbarer geworden. Ihr scheint der Revolution müde; ihr scheint ermattet von so vielen Anstrengungen — eure Gegner hingegen sind nicht müde, nicht lässig, und während die dreyfarbige Fahne überall triumphirt, ist Frankreich vielleicht in größerer Gefahr,

fahr, als zu der Zeit, wo feindliche Heere das Land der Freyheit überschwemmt hatten. Die Republik gleicht, nach der Prophezeihung eines Weisen, den Pyramiden Egyptens, die dem Sturm trotzen, und im Innern Grauß und Asche enthalten.

Der 9. Thermidor ist in der Geschichte der Republik vielleicht so schrecklich, als es der 27. Jul. in der Geschichte des Königthums war. Louvet! edler Sohn der Freyheit! die Hand aufs Herz! Wer stürzte Robespierren? Wer die großen Bösewichter! Waren es Republikaner, oder waren es Intriganten, die das Königthum aus seinem Grabe wieder erwecken wollten?

O ihr gutmüthigen, moralischen, und deshalb nur zu oft betrogenen Republikaner! Wenn werdet ihr endlich lernen, daß ihr der Boßheit noch nicht gewachsen seyd! Wann werdet ihr einsehen, daß man Thronen nicht durch Moral allein stürzt! Wann werdet ihr begreifen, daß man dem Krokodill oder der Schlange nur durch Wendungen entfliehen kann.

Ja, Louvet! Du mußt mich hören! Du mußt auf die Stimme eines Bürgers hören, der, obgleich in einem despotischen Staate gebohren,

B 4

dennoch vielleicht verdient hätte, ein Franke zu seyn! Und du wirst mich hören. An dich, den die Schreckensmänner Jahre lang verfolgten, wende ich mich, damit man mich nicht verkenne, wenn mein Ton vom jetzigen abweicht, damit man nicht in mir einen ausgewanderten Anhänger Marats zu erblicken glaube!

Du kannst mir nicht sagen: Frembling, was kümmert dich die Sache der Franken! Die Sache der Franken ist die Sache jedes guten Menschen, weil sie die Sache der Tugend gegen die Laster, des Rechts gegen das Unrecht, der Vernunft gegen die Unvernunft, des Lichts gegen die Finsterniß ist.

Was ich dir entdecken will, sind nicht etwa leere Träume. Du würdest dich an der Wahrheit versündigen, wenn du es dafür hieltest. Denn wisse, ich sehe seit Monden täglich die Bouillons, die Montmorency's, die Grenobles, und eine Menge anderer Feinde Frankreichs, die an dem Orte, wo ich lebe, die Dolche schleifen, womit sie ihr Vaterland durchbohren wollen. Gleich einem Zauberer, der den Stein des Gyges besitzt, bin ich mitten unter ihnen, unbemerkt erlausche ich ihre hochverrätherischen Entwürfe. Ich eile, sie dir mitzutheilen.

Glaube

Glaube nicht, daß ich eine Hand voll Verräther für zu wichtig ansehe. Alles kann ihnen nie gelingen, alles nicht, das hoffe ich zu der Menschheit Schutzgeiste, aber wenn durch meine Warnung auch nur das verhindert wird, was ihnen dennoch vielleicht gelingen könnte, wenn nur eines Franken Blut weniger fließt; so bin ich glücklich, und diese Blätter sind dann nicht umsonst geschrieben.

„Die Gräuel der Schreckensregierung, sa=
„gen die ausgewanderten Verräther, haben auf
„das Volk beynahe die Würkung hervorgebracht,
„als ehedem des Hofes drückender Despotism.
„Ueber den kaum verschwundenen Tyrannen ver=
„gißt man die vergangene. Die Ersäufungen
„zu Nantes lassen das Volk die Bluthochzeit,
„Robespierre läßt sie Marien Antoinetten und
„selbst jene grausame Medizäneni vergessen. Der
„Geist der Veränderlichkeit belebt die Franken;
„es giebt viele, welche die Revolution nicht lie=
„ben, weil sie ihnen Blut und Thränen gekostet
„hat, es giebt noch mehrere, die sie nicht lieben,
„weil sie ihrer satt geworden sind. Es liegt
„eine große Masse von Royalism im Volke, und
„die Republikaner sind nun in der Convention
„und bey den Armeen."

Wie gern würde ich dieß alles für Lüge, für falsche Vorgaben halten. Aber ich frage eure öffentlichen Blätter, und selbst die Sitzungen der Nationalstellvertretung. Mit Schrecken höre ich, daß man hie und da laut nach dem Königthum ruft, daß man geflissentlich jeden Fehler der Revolution ausmalt, ja selbst in der Mitte des Convents erschallte eine verrätherische Stimme: „die ganze Reihe der Könige hat Frankreich nicht so viel Uebels zugefügt, als zwey Jahre der Schreckensregierung." Unglückliche Republikaner! darf ein Mann in der Mitte des Volkssenats es wagen, so zu einer Nation zu sprechen, die man vielmehr täglich darin erinnern sollte, daß selbst der theure Preiß, um den sie ihre Freyheit gekauft hat, eine Folge der Verdorbenheit aller Seelen durch das Königthum ist. O zeigt der Nation, ihre wenigen treugebliebenen Vaterlandsfreunde! O zeigt ihr doch ja täglich die Schandthaten eurer Könige, die Mordthaten der Bartholomäusnacht, die Infamitäten eines Richelieu und Louvais — zeigt ihr Catharinen in Rußland, und Pitt in England. Zeigt ihr Warschau und Polen, so wie es jetzt aussieht, und sagt ihr, daß ein gleiches Loos auch Frankreichs wartet, wenn das Königthum je obsiegen könnte. Im Namen des Himmels! erweckt euer Volk aus dem Schlafe, und ruft lauter, als jene Verräther, denen es jetzt nur zu leicht gelingen möchte, ein leidendes Volk irre zu leiten.

„Es

„Es kommt bloß darauf an, fahren jene „Verräther fort, die Masse von Royalisten, „welche in Frankreich verborgen ist, in Thä„tigkeit zu bringen, die Aufmerksamkeit des „Konvents auf einen andern Gegenstand zu len„ken, die Stellvertreter des Volkes zu theilen, „neue Namen und neue Partheyen zu erregen, „und die aufrichtigsten Freunde der Freyheit „als Terroristen zu verschreyen. Laßt uns den „Jakobinern nachahmen! Was thaten diese? „Sie bemächtigten sich der Organe der öffent„lichen Meynung, indem sie die Journalisten „theils in Sold nahmen, theils in Schrecken „setzten; sie brachten ihre Anhänger in Besitz „aller Stellen, und wenn sie Menschen erkieß„ten, gegen die der Ruf sprach; so entschuldig„ten sie sich damit, daß man jetzt Patrioten brau„che; sie erfanden das Schreckbild des Fede„ralism, um die ächten Freyheitsfreunde als „Aristokraten zu verfolgen; sie benutzten die „würklichen aristokratischen Bewegungen, um „dem Volk Verschwörungen vorzuspiegeln.

„So auch wir. Laßt uns Journalisten „besolden, und auf alle, die unbestechbar sind, „den Haß des Volks lenken, indem wir sie als „Anhänger des Schreckenssystems vorstellen; „laßt uns alle öffentliche Aemter mit Royalisten „besetzen, unter dem Vorwande, daß man Geg„ner

„ner der Terroristen brauche; laßt uns die Ter-
„roristen an die Stelle der Federalisten setzen;
„die Bewegungen der zu Boden geschlagenen
„Schreckensmänner mögen uns den Vorwand
„geben, die Patrioten als Terroristen zu ver-
„folgen.

Namen haben seit Jahren Frankreich zerrissen; Namen werden es noch ferner zerreissen.
**Gerechtigkeit, Volksrache, Tyran-
nenhaß**; so riefen Robespierre und seine Anhänger, und mordeten das Volk: **Milde, Gerechtigkeit, Mäßigung**; so rufen Vicher
Strisy, oder vielmehr die, welche ihn besolden,
und streben das Volk, wieder zu morden.

Ja, sie mußten fallen, die Männer des
31. May; sie mußten der Nationalrache geo-
pfert werden, die Verwüster von Lyon, die
Zerstörer von Nantes, auch, wenn du willst,
die Männer jener blutigen Septembertage; —
aber, wie sollte sich diese Rache auf verirrte
Patrioten ausdehnen, die im Eifer zu viel thaten, und nicht allein vermochten, das Blend-
werk zu zerstreuen, welches ganz Frankreich
umhüllte. Auch die Männer des 10ten Augusts, und des 27. Julius haben nicht Lehrbü-
cher der Moral in den Händen gehabt, als sie
den Thron stürzten; geht es nach der Absicht
der

der Volksfeinde, so wird viel Uebertreibung, jede zweydeutige Redensart jener Tage hervorgesucht werden, man wird bald auch den Männern des 10. Augusts den Prozeß machen.

Männer der Milde! Männer der Mäßigung! Ist es möglich, daß ihr, indem ihr das Schwerd zücket, welches die Mordthaten des 2ten Septembers rächen soll, daß ihr ruhig zuseht, wie der Pöbel unbewafnete Terroristen in den Gefängnissen mordet, wie eine sogenannte Gesellschaft Jesus, von Ausgewanderten angeführt, den Patrioten die Augen mit Zangen ausreißt? In den Gefängnissen sind Blutmenschen, schreyen die Häupter der Aristokraten. Gut, sind sie Blutmenschen; so sollen sie fallen, aber unter dem Schwerde der Gerechtigkeit, nicht unter den Dolchen der Royalisten! Wißt ihr denn, ob nicht auch mancher brave Bürger durch Irrthum den Jüngern Marats zugesellt worden ist. Selbst Carrier wurde nach Feran gerichtet; wollt ihr die, welche weniger Böses verübt haben, nicht des nemlichen Rechtes genießen lassen? Wollt ihr den Blutmenschen nachahmen, indem ihr vorgebt, ihr Verbrechen zu bestrafen?

O glaubt nur, es ist den Feinden des Volks ganz gleichgültig, unter welchem Namen sie die

Re-

Republikaner morden. Nie werden die Bösen sich mit den Guten vereinigen, wie die Ueberbleibsel des Hofs aufhören, gegen die Republik zu konspiriren. Immer aber nehmen sie die Maske vor, welche der öffentlichen Meynung am angemessensten ist. Als die Feuillanten verhaßt waren, verfolgten sie die Feuillanten, als man gegen die Girondisten tobte, verfolgten sie die Girondisten; als die Jakobiner gestürzt wurden, waren sie die ersten, welche bey jenem Possenspiele an Marats Büste ihren Grimm ausließen — sie, die sich vor den Götzen schmiegten, so lang er lebte. Haben sie nicht schon dich, edler Louvet, Legendre und mehrere Patrioten, als Terroristen zu verschreyen gesucht! Dich als Terroristen! Es ist unglaublich, welche Widersprüche sie zu erinnern wissen, diese Feinde des Volkes. Weil der Thron des Schreckens vernichtet ist, weil sie nicht mehr durch Gräuel und Blutvergießen die werdende Republik zu zerstören vermögen; so wollen sie es unter dem Vorwand der Menschlichkeit, einer Menschlichkeit, die darauf abzweckt, Bastillen und Schafotte, und alle Schrecken des Despotism der Könige wieder herbeyzurufen.

Wie sonderbar ist es nicht, daß jetzt eben die Menschen, welche unter der alten Regierung jede Feder, und jeden Mund zu fesseln trachteten, sen, eben die Menschen, welche jede freye Zeile, welche einen Schriftsteller entschlüpft, mit der Bastille belohnten, jetzt uneingeschränkte Preßfreyheit fordern!

Ich erkenne und schätze diese Grundlage jeder freyen Regierung, ich schätze die Patrioten, welche vielleicht im Eifer fürs Gute, dieß edelste Vorrecht der Bürger denn verletzt glaubte, wenn die Regierung ein wachsames Auge auf einen Richer Serisy richtet. Aber darf ich es wohl wagen, der Vertheidigung jener unbeschränkten Preßfreyheit von la Harpe entgegenzusetzen: „Daß Richer Serisys und andere seines „gleichen Aufsätze außer Landes von Ausgewan„derten verfaßt worden; daß jetzt der Zeitpunkt „ist, wo das Volk der Revolution müde zu seyn „scheint, und durch beständige Ausmahlung der „Revolutionsgräuel leicht dahin gebracht wer„den könnte, das Königthum wünschenswerth „zu finden; daß die Journalisten nicht blos ih„re Meynung ertragen, sondern durch unge„heure Summen zu Pitts Organen erkauft wor„den sind, daß hingegen die Republik zu stolz „denkt, um gleichfalls feile Schriftsteller zu „miethen; und daß auf diese Art alle Journa„le, die doch offenbar auf die Volksstimmung „großen Einfluß haben, in den Händen der „Freyheitsfeinde sind.

Was

Was erhob die Jakobiner? Die Bemächtigung der Herolde der öffentlichen Meynung. Die Bereitwilligkeit der Patrioten, wüthende Schreyer zum Sturz des Hofes zu gebrauchen, Schreyer, die bald sich zu mehr als Werkzeugen aufzuschwingen wußten. Dem ächten Republikanern blieb bald gar keine Gelegenheit mehr übrig, das Volk auf den rechten Weg zu leiten. Hütet euch, Patrioten von 1795 vor dem Schicksal derer von 1790.

Billig sollten auch Journalisten von der Regierung unterstützt werden, um durch ihre Blätter die aristokratischen Irrthümer zu berichtigen; billig sollte Richer Serisy, wenn er laut zum Sturz des Convents und der Republik auffordert, daran erinnert werden, daß die Freyheit, seine Meynung über jeden Gegenstand der Gesetzgebung zu sagen, sehr unterschieden von der Störung der bürgerlichen Ruhe durch Verläumdungen und Empörungsversuchen ist. Steht erst die Konstitution fest; hat der Freyheitsbaum Früchte getragen, dann mag Serisy gegen die Philosophie schreyen, so viel er will — die Nation wird ihm eine Versorgung im Tollhause anweisen können.

„Auf das gemeine Volk, fahren die Ausge-
„wanderten fort, würken philosophische Speku-
lationen

„lationen sehr wenig, destomehr aber Hunger,
„Mangel an Geld, und religiöse Schwärmerey.
„Die Regierung Frankreichs hat nur die
„Gerechtigkeit, und minder die Poli=
„tik angehört, als sie plötzlich und ohne Vor=
„bereitung die Erfindungen der Jakobiner, das
„Maximum, und den gezwungenen Credit der
„Assignaten aufhob. Die Assignaten fallen,
„und das Brod wird theuer. So schreyt das
„Volk, und schimpft auf jene Grundsätze der Ge=
„rechtigkeit. Der Finanzausschuß ist schlecht
„besetzt, das Staatsvermögen der Republik in
„der größten Unordnung — laßt sehen, ob nicht
„die Gegenrevolution durch diese Unordnungen
„hervorgebracht werden kann. Der Fanatism
„zeigt sich wieder in seiner furchtbarsten Stär=
„ke. Jene widerspenstigen Priester, einst unsre
„größte Stütze, beginnen wider Einfluß zu er=
„halten. Schlau genug haben Robespierre und
„Carrier ihnen das Ansehen von Märtyrern zu
„geben gewußt. Vernunft, Religion und Auf=
„klärung sind verhaßt, weil Robespierre sie
„predigte, und sein neues Kalifat darauf grün=
„den wollte. Laßt uns alle fromm werden!
„Weg mit jenen freyen Scherzen, die ehemals
„unter uns zum guten Ton gehörten! Laßt uns
„den Pabst anhängen, damit dieser wieder uns
„anhänge. Die Journalisten werden die Phi=
„losophie als die Ursache der Theurung und des

C   „Miß=

„Mißkredits der Assignaten verschweigen. Sie
„werden laut unsre Rückkehr foedern, die Prie-
„ster werden die Hölle in Bewegung setzen, um
„uns in unser Vaterland wider einzubringen.
„Dem Volke sind die Revolutionsformen, der
„Name Bürger, die Dekadentage verhaßt —
„bald wird ihm auch die Sache selbst zugleich
„mit der Formen zuwider werden. Der Kon-
„vent wird einen Vergleich mit der Aristokratie
„und dem Fanatism stiften, und wir werden
„gewonnen haben.

So gern auch jeder rechtschaffne Mann mit
der gemäsigten Denkungsart übereinstimmen
wird, welche Gregoires Bericht über die Freyheit des Gottesdienstes in Frankreich athmet;
so einleuchtend ist es doch, daß der Konvent
neuerdings den unersättlichen Fanatism der
Priester zu viel nachgegeben hat.

Auch hier ist, dem Laufe der menschlichen
Dinge gemäß, ein Extrem an die Stelle des
andern getreten. Wenn man unter Robespierre
guillotenirt wurde, weil man Messe gehört hatte; so setzt man sich jetzt der Gefahr aus, vom
Volke gesteinigt zu werden, wenn man sie nicht
hört.

Robespierre hätte der Menschheit auf Jahrhunderte keinen schlimmern Dienst leisten können, als er ihr durch seine Vertheidigung der
Ver-

Vernunftreligion lieferte. Man haßt denn diese um seines Priesters willen.

Die katholische Religion gewinnt immer um so mehr Fortschritte, jemehr man gegen den Vernunftglauben erbittert wird. Und dennoch ist keine Religion eine sichere Stütze des Despotism, keine so unverträglich mit der Republik, als die katholische.

Umsonst vertheidigt Gregoire sie sinnreich genug, umsonst beruft er sich auf sein eigen Beyspiel. Nein Gregoire! Du, dessen Stimme jetzt in Frankreich mild, wie Loas Casas Stimme einst in den Indien tönte, du bist kein ächter Katholik! Du magst sagen, was du willst, du bist es nicht! Frage deine Glaubensbrüder, frage die Priester, ob sie dich nicht Ketzer und abtrünnig schelten. Deine Religion ist so sehr von der katholischen unterschieden, als die Grundsätze Rousseaus von den Grundsätzen eines Anacharsis Cloots!

Was die Priester katholische Religion nennen, ist ein Gewebe von Unsinn, von verfolgendem Unsinn. Ein Priester, dessen Thron Dumheit und Gewalt unterstützen, herrscht despotisch über Gewissen und Glauben. Jeder, der nicht seinen Aussprüchen sich blindlings unterwirft, ist verdammet, der ewigen Rache Preis gegeben, und sein Bruder entpflichtet, ihn zu verfolgen. Thätigkeit ist in dieser Religion Verbrechen, Müßiggang und frommer Diebstahl, Verdienst, Entsagung der Bestimmung des Menschen, Verläugnung der anerschaffnen Triebe, höhere Tugend. Hochverrath und Vatermord werden mit einem hergeplapperten Gebete, und Geschenke an nichtswürdige Müßiggänger versöhnt. Begietig reicht diese Religion jedem Despoten die Hand, der ihre Priester schützt, er drückt die Menschenrechte, und kündigt der Freyheit den Krieg an.

Was du, Gregoire! katholische Religion nennst, ist ein inkonsequentes Gemische von Vernunftreligion und sinnlichen Bildern, Anhänglichkeit an Formen und Zeremonien, denen andere Begriffe und Bedeutungen untergeschoben werden.

Welche Religion glaubst du wohl, daß die wieder zurückkehrenden Priester verbreiten werden? Die erste, weil sie ihnen Herrschaft gewährt. Gieb ihnen Herrschaft, gieb ihnen Futter und Müßiggang, lasse sie schwelgen im Marke des Volkes, lasse sie vertilgen, wen sie für ihren Feind halten, und sie schwören zur Fahne der Gottesläugner.

Laßt

Laßt die Priester mächtig werden, Franken! und die Republik ist verlohren. Der Mann zu Rom, der aus dem Ganymed eines Kardinals zum Statthalter Christi wurde, wird im Bündniß mit Ludwig XVIII. mit den Ausgewanderten, und den verrätherischen Priestern in kurzer Zeit die Grundfeste erschüttern, an welche ihr sechs blutige Jahre lang gearbeitet habt. Die Priester werden Bürgersinn heucheln, bis sie mächtig genug geworden sind, die Republik zu verfolgen, und zu stürzen. Habt ihr vergessen, daß alle aus Rom zurückgekehrte Priester geheime Instruktionen vom heiligen Vater erhalten haben? vergessen, daß an der Spitze der Vendee und der Chouans eydschene Priester mit dem Kruzifix in der Hand, die Republikaner morden. Der Sturz des Vatikans ist Frankreichs Heil, und Frankreichs Verderben erhebt den Priester mit der Tiare.

Seht, wie die Despoten, welche vorher sich gegen den Staathalter Christi aufzulehnen wagten, jetzt gern sich ihre Rechte von ihm entziehen lassen! Wie sie Mönche, Klöster und Priester wiederherstellen, die sie vor eurer glorreichen Revolution aufgehoben und vermindert hatten, und zweifelt, wenn ihr es vermöget, noch einen Augenblick an der innigen Verbindung des Despotism und der Hierarchie zu Frankreichs Verderben.

C 3   Nein!

Nein! Ihr sollt nicht, gleich Carrier, die Priester ersäufen! nicht, gleich Robespierre und Hebert die Katholicken verfolgen! Auch diese Sekte mag neben allen andern bestehen. Aber um der Freyheit willen! Laßt sie nicht herrschen! Duldet nicht, daß die Bekenner der natürlichen Religion nun von ihr verfolgt werden. Neben dem Tempel, worinn Messe gelesen worden, töne ungestört der Vernunft eine Hymne! Ueber der Synagoge stehe eine Pagode, und keine Religionsparthey rühme sich jenes Vorrechts, andere verfolgen zu können.

Aufrichtig, Louvet! und offen, wie es einem freyen Manne ziemt, habe ich dir die Gedanken eröffnet, welche die Anschläge der Ausgewanderten und Nachdenker über die jetzige Lage Frankreichs bey mir erzeugten. Ob mein Auge in so großer Entfernung vom Schauplatz der Revolution richtig sah, ob du hie und da meiner Meynung seyn wirst, kann ich nicht entscheiden. Aber verachten wirst du deshalb meine Wünsche nicht. Sie mögen dir wenigstens beweisen, daß auch ausserhalb Frankreich noch Republikaner leben, denen das Wohl deines Vaterlandes so theuer ist, als ihr eignes.

Möchten doch alle Franken bald vom Geist der Einigkeit beseelt, ohne weitere Spaltungen die republikanische Constitution annehmen, welche

che dem Volke bald vorgelegt werden wird! Möchte doch in dem neuen Volksſenat kein Robeſpierre, aber auch keine Seriſys ſich einſchleichen! Möchte jener Enthuſiasm wiederkehren, welcher am großen Bundesfeſt alle Franken beſelte.

Wenn auch einer von euch, ihr Bürger Frankreichs, der neuen Conſtitution ſeinen ungetheilten Beyfall nicht ſchenken kann, ſo ahme er doch dem Bürgerſinn Franklins nach! „Ich „geſtehe, ſprach dieſer große Mann, daß ich die„ſe Conſtitution jetzt nicht ſehr billige; aber ich „bin nicht gewiß, ob ich ſie niemals billigen werde, „denn ich habe in meinem langen Leben verſchiede„ne Fälle erfahren, wo ich durch beſſere Beleh„rung oder reifere Ueberlegung genöthigt war, „ſelbſt in wichtigen Dingen meine Meynung fah„ren zu laſſen, die ich zuvor für richtig hielt, her„nach aber fand, daß ſie es nicht war. — Mit ſol„chen Geſinnungen ſtimme ich dieſer Conſtitu„tion mit allen ihren Fehlern, wenn es derglei„chen ſind, bey; weil ich glaube, daß eine all„gemeine Regierung uns noth thut. — Ich ſtim„me ihr bey, weil ich keine beſſere erwarte, und „weil ich nicht ſicher bin, daß ſie nicht die beſte „ſey. Ich opfre dem allgemeinen Beſten die „Meynungen auf, die ich von ihren Mängeln „gehegt habe; ich habe nie ein Wort davon „kund werden laſſen; ſie ſind in dem Bezirke „dieſer Mauern gebohren, und hier ſollen ſie ſterben,

„bell. Wenn ein jeder von uns nach seiner Zu-
„rückkunft bey unsern Constituenten, die Ein-
„würfe, die er dagegen gemacht, vortragen und
„Anhänger zu ihrer Unterstützung zu gewinnen
„suchen sollte; so könnten wir die allgemeine
„Annahme dieser Constitution hindern, und wir
„würden aller der heilsamen Folgen, und gro-
„ßen Vortheile, die zu unserm Besten bey frem-
„den Nationen sowohl, als unter uns selbst für
„unsre würklich scheinbare Freymüthigkeit dar-
„aus entspringen, verlustig gehen. — Ich hof-
„fe daher, daß wir, aus Liebe zu uns, als einem
„Theil der Nation, und aus Liebe für die Nach-
„kommenschaft herzlich und einmüthig diese Con-
„stitution allenthalben, wohin unser Einfluß sich
„erstreckt, empfehlen, und alles unser künftiges
„Dichten und Trachten auf die Mittel, sie wohl
„zu verwalten, richten werden." Dann, Louet
würde dein Vaterland der Sitz des Glückes werden, dann würde jeder Gedrückte dahin fliehen,
wo die Menschenrechte gerecht und ausgeübt
werden, und den Ausgewanderten, den Despoten, den Jüngern Pitts würde nichts übrig bleiben, als Reue, und ein Grab, um sich zu ver-
bergen.

III.

III.

Deh= und wehmüthige Vorstellung, an alle christgläubige Patrioten, zur Vertilgung der Neufrankreicher und aller derer, so ihnen anhangen.

Allen hohen und niedern Abels, allen privilegirten Standes, wes Namens, Gewichts und Gewerbes sie seyn mögen, in tiefster Unterthänigkeit, Unterwürfigkeit und Demuth gewidmet von Gotthold, Sebastian, Schleichero, dermaligen Ludimagistro und Direktore Chori zu Geringweiler, und so Gott will, dereinstmaligen Superintendenten.

Großgünstige, hochgeneigte, nach Stand und
Würden zu verehrende Herren!

Der Unfug der Baarlender, welchen die Offenbarung St. Johannis des Theologen, längst vorher verkündet, und welcher bedeutet: das nahe Ende der Welt ist dermaßen groß worden, daß wenn nicht bald gesteuert werden sollte, alles drüber und drunter gehen wird. Immaßen sie zu vergleichen sind dem Hahn, welcher hinten stehet im ABC Buche, und welcher auch zu Latein heißet Gallus, ein Franzose; solcher Hahn hat einen Stab in seinen Klauen, damit schläget er auf die Noten, daß es einem erbarmet solches anzusehen, so schlagen auch die Neufrankreicher mit ihren verdammlichen Fäusten auf alle gute Ordnung, Adelschaft und Priesterthum, und weil sie zerstören alle Harmonie der Welt, und nichts einführen dann lauter Dissonanz, möchte ich gern, daß solch neufränkisch Otterngezücht je eher je lieber abgethan würde. Deßhalb habe ich dies Büchlein geschrieben, und bitte jedermann, daß solcher daraus vermerken wolle, wie ich allen solchen Unfug von ganzer Seele hasse, als ob ich feyerlich in dem so höchst glückseligen russischen Staate, allen Jakobinismus abgeschworen, verdammt und vermaledeyet hätte, und allem neufränkischen Wesen noch ärger entsaget, als der Christgläubige dem Satan

ent-

entsagt in seinem Taufbunde. Deshalb ich denn auch wohl eines größern Glücks als meines dermaligen geringen Einkommens mich zu erfreuen verdiene, weshalb ich mich denn auch jedem Kirchenpatrone in gebührender Demuth zur weitern Beförderung empfehle.

Habe vor jenen vierzig Jahren, da keine Neologie noch Neoterici statt fanden (welche verdammet seyn mögen in alle Ewigkeit!) Theologiam zu Tübingen und Greifswalde studieret, und bin mit crusianischer Philosophie, welche bekanntlich Fest- und Hartgläubige macht, und mit reiner Milch des Evangelii sattsam gesäuget. Es stehet mir auch noch immer die Hofnung bevor, daß mich der Herr nach schwerer Zeit der Prüfung erheben, und ich dereinst als Superintendent oder wenigstens als Consistorialrath unter den Theologis sicut inter ignes luna minores leuchten werde, welches ich denn auch durch meine Rechtgläubigkeit täglich zu verdienen strebe, und bin durch große Uebung dermaßen stark im Glauben worden, daß ich, was die hohe Obrigkeit gebietet, augenblicklich zu glauben erbötig bin, und kann meine Vernunft dermaßen gefangen nehmen, daß mir Niemand auch nur das kleinste Fünkchen solcher schnöden Vernunft ansehen soll. Wenn aber die undankbare Welt dem ungeachtet mich nicht befördern wollte, so hoffe ich, daß meine hochgünstige Herren für diese Dedikation meiner

ner gedenken werden. Hat doch mancher für
eine Dedikation von hoher Hand eine goldne
oder silberne Medaille, einen Geheimenraths-
oder Hofrathstitel, einen Adelsbrief, oder andre Gift und Gaben erhalten; so verhoffe ich
auch, daß man meiner mildiglich gedenken werde, und weil es oft nur auf einen guten Vorschlag ankommt, so wage ich die Vorstellung zu
äußern, daß jeder, der eines privilegirten Standes ist, 4 ggr. für diese Dedikation entrichten
möge, wodurch denn wohl allein im heil. röm.
Reiche an die 50,000 Kaisergulden zusammenkommen möchten. Dieses Geld bitte ich in die
Hände aller edlen und hochberühmten Nachdru-
cker zu liefern, für welche ich, ob sie gleich alle
Welt verachtet, dennoch — weil sie sich eines
fürstl. Privilegiums zu erfreuen haben — großen Respekt trage. Weil aber eine Hand die
andre wäscht, so hoffe ich auch, daß solche Herren, weil ich der einzige bin, der an ihrer Ehr-
lichkeit keinen Zweifel träget, mir solches Geld
treulich einhändigen werden. Zur geziemenden
Danksagung will ich dafür auf alle Herren, welche ein solches Gratial entrichtet, eine Lobrede
drucken lassen, und gelobe heilig, daß es keine
Tugend geben soll, deren ich sie nicht preißen
werde.

 Damit aber Niemand in Zweifel stehen möge, und auch die einfältige Welt erkenne, auf
wen

wen solches Lob gemünzet sey, so will ich die Namen aller milden Geber gedachter Lobrede vordrucken lassen, und weil schon so mancher, wie mir von glaubwürdigen Männern versichert worden, um seinen Namen gedruckt zu erblicken, auf ein Buch pränumerirt, dessen Inhalt ihm sonst gar gleichgültig gewesen; so hoffe ich, daß um meine Lobrede auf sich zu lesen, sich Niemand des geringen Beytrages entziehen werde. Wer aber solchen nicht entrichtet, von dem möge auch jederman glauben und festiglich behaupten, daß er in der Lehre nicht rein, im Glauben nicht fest sey, daß er kein ächter Patriot, sondern vielmehr ein Demokrat, ein Baarlender, ein heimlicher Jakobiner, ein Mitglied der Propaganda ꝛc. ꝛc. sey.

Alle aber, welche sich meiner Lobrede erfreuen wollen, sind von sothanem Gezücht das Gegentheil, und bin Derselben ergebenster, gehorsamer, unterthäniger, ehrfurcht- und respektvoller, demüthigster Knecht und Diener

vt supra Schleicherus.

―――――――

Weil der Krieg mit Frankreich ein ganz anderer Krieg ist, als alle so bisher geführet worden, so ist es auch gar billig und löblich, daß

man

man sich ganz andrer Mittel als bisher bediene, und deshalb wäre mein erster und höchster Rath:

1) Alle Kugeln und Bomben, Bajonette und Schwerdter zu vergiften, damit jeder, welcher damit nur geritzt würde, sofort des bleichen Todes verfahren müßte.

2) Soll allen neutralen Mächten die Verproviantirung Frankreichs nur unter dem Bedinge gestattet werden, daß sie sich verpflichten, eine gewisse Portion Gyps unter das Mehl zu mengen, welches sie den Neufrankreichern zur Nahrung zuführen, damit solche böse Brut dahin sinke, wie die armen Christen im Orient, als ihnen der griech'sche Kaiser Immanuel Gyps unter das Mehl mengen lassen.

3) Scheinen solche Neufrankreicher vorzüglich auf den guten alten Rheinwein der Geistlichen und Klosterherren erpicht zu seyn; wollte also rathen, solchen bey Ankunft der Franzosen mit Arsenikum zu versetzen, nur müßte die Portion des Giftes gar groß seyn, weil ich befürchte, daß die Neufrankreicher schon an das Gift gewöhnt worden, wie weiland König Mithridates, weil glaubwürdige Zeitungsschreiber anzeigen, daß sie sich vor den Angriffen mit einem

gifti=

giftigen Bier erhitzen, zu dessen Bereitung das Giftkraut Bella donna gebraucht wird, welches bloß den Neufrankreichern gut thut, indem es alle andre Menschen schwindelnd und ohnmächtig macht.

4) Weil das Gift doch immer bedenklich ist, wollte lieber rathen, den Wein mit Silberglätte zu versetzen, nur müßte solches noch in einem etwas größern Maaße geschehen, als es bey den löblichen Weinschenken im heil. römischen Reiche geschieht, wo mancher Reichsbürger zehn und mehrere Jahre bey dem Genuße solches Weins herumläuft, ehe ihm die Auszehrung den Garaus macht.

5) Wollte ich rathen, daß sich jeder deutsche Hausvater einen Vorrath von mit Zucker gekochten unreifen Trauben halte; solches thut deutschen Magen keinen Schaden, und wird, wie mein Gevatter der Stadtkoch versichert, auf allen hohen Tafeln gespeiset. Da aber, wie die Zeitung glaubwürdig versichert, an solchem Gericht allein zu Trier 1500 Neufranken verstorben, so muß jeder Hausvater nicht ermangeln, den Neufranken bey irgend einem Einfalle in Deutschland solch Zugemüße vorzusetzen, wovon er, weil es nur allein Neufrankreicher tödtet, sonder Gefahr mitessen kann.

6) So

6) Sobald die Neufrankreicher an irgend einem Orte in Deutschland eintreffen, müssen alle von Herrn Hofrath Ebel vorgeschlagene Gesundheitsgeschirre beyseite gethan, und blos aus solchen Töpfen gekocht werden, welche eine schlechte Bleyglassur haben, damit für sie der Tod in den Töpfen sey.

7) Von dem berühmten Werke Mardi Gras für die Emigranten, soll durch patriotische Beyträge eine Uebersetzung ins Französische gemacht, und wenn sich die alliirten Truppen zurückziehen, eine beträchtliche Anzahl zurückgelassen werden. Wenn solche den Neufrankreichern in die Hände fallen, und sie lesen, wie sie darinn ausgeschimpft werden, so werden auch gewiß vor übergroßer Aergerniß Gallenfieber und Gelbsucht unter ihnen einreißen.

8) Muß man von allen Seiten denken, ein stattliches Heer zu bewaffnen; ich aber schlage zu der Bewaffnung für: die liebe studierende Jugend. Bringt doch so mancher ein Jährlein auf der Akademie hin, ohne sich um ein Buch oder Kollegium zu bekümmern, warum sollte nicht auch desselbigengleichen zur Beförderung eines heilsamen Zwecks geschehen können? Es würden gering gerechnet, von unsern deutschen Akademien bey 30000 Streiter gestellt werden.

Welch

Welch feines Heer! Weil solches aber schwerlich zu Fuße gehen könnte, so wollte rathen, große Rüstwagen erbauen zu lassen, worin je dreißig oder vierzig ihren Sitz hätten; mitten auf dem Wagen könnte ein erhöhter Sitz seyn, von welchem ein Professer, während des Marsches, damit die liebe Jugend nichts versäume, denselben Vorlesungen halten könnte. Alle Stunden könnten sich die Studierenden aus einem Wagen in den andern begeben, und so mit Bequemlichkeit ihren Cursum vollenden. Sobald aber sich der Feind zeigt, müßten sie in Reih und Ordnung treten, der Rektor jeder Akademie als Tribunus magnificus den Oberbefehl führen, und die Professores jeder Fakultät ihre Jünger befehligen. Die Pedellen als Signiferi könnten vorher treten, und jeder an einer Lanze das Symbol irgend einer Fakultät vorhertragen. Habe oft gesehn, wie die liebe studierende Jugend die Stadtknechte gebläuet, hoffe auch daß es den Neufranken von ihren Fäusten nicht besser ergehen werde, und wird hoffentlich schon ein großer Schrecken verbreitet werden, wenn beym Angriffe die Kehlen sämtlicher studierender deutscher Jugend ein lautes Pereat anstimmen sollten.

9) Sind Gesandte gen Rom an den heiligen Vater zu senden, damit er allen Mönchen

der katholischen Christenheit befehle, die Waffen gegen die Neufranken zu ergreifen. Hoffe, daß der guten rüstigen Mönche wohl an die 100,000 zusammenkommen möchten, und wenn man bedenkt, wie die Barfüßer und andre so gar abgehärtet, so mag man von solchen fürwahr kein Geringes erwarten. Sollte einen nur zur Nachtzeit ein Kapuziner in einem Walde begegnen, würde mich schon über ihn entsetzen, und wenn nun 10,000 Kapuziner mit langen Bärten und sonderbarer abentheuerlicher Kleidung, unter Anstimmung eines Kyrie Eleisons oder einer Litaney, zur Nachtzeit einen Posten der Neufranken überfallen sollten, so würde er schon bey ihrem Anblicke davon laufen.

10) Soll allen Fleischern geboten werden, in jeder Stadt ihre Hunde zu sammlen, um solche mit einigen ihres Gewerks an die Gränze zu senden. So oft nun die Neufranken einen Wald besetzen, sollen einige tausend solcher Hunde auf sie gehetzt, und so der Wald von den Feinden gereinigt werden.

11) Sollen aus allen fürstlichen Lustschlössern die Löwen, Tyger, Panther und andre reißende Thiere, welche man zur Lust hält, zum Nutzen deutschen Vaterlandes heimlich über die Gränze geschafft, und wo möglich nach der Vendee

bee oder in die Nachbarschaft Lyons gebracht werden. Dort werden ja die Menschen mit Kartätschenschüssen täglich zu vielen tausenden gemordet, mit solchem Fleisch werden sich die Raubthiere sättigen, sich an dergleichen Fraß gewöhnen, sich schrecklich vermehren, und das Land zur Einöde machen; auch könnte man das englische Ministerium bittweise angehen, einige tausend Krokodille aus Afrika bringen, und solche in die Mündungen französischer Flüsse aussetzen zu lassen. Damit aber solche Thiere auch an Menschenfleisch gewöhnt würden, könnte man solche während der Fahrt mit erkauften Negersclaven füttern, welches nichts Böses noch Schändliches wäre, weil bey Untersuchung des Sklavenhandels im englischen Parlamente hinreichend erwiesen worden, daß die Schwarzen eine weit geringere, schlechtere Menschengattung als die Weißen sind, welches auch in unserm deutschen Vaterlande durch die Schrift eines hochberühmten Professors, aller Welt vor Augen gelegt worden.

12) Da wir aus allen Zeitungen ersehen, daß die Franzosen nur deshalb so muthig und kühn angreifen, weil sie sich vor dem Angriffe übermäßig bezechen und berauschen, so wollte allen Klosterherren rathen, daß sie einen Theil des Weins, den ihnen die heillosen Bösewichter,

die Franzosen, samt und sonders wegnehmen, an die deutschen Kriegsvölker senden möchten, womit ich vor allen Dingen die Reichsarmee zu bedenken bitten wollte; die Herren Generale könnten alsdann dafür sorgen, daß ihre Truppen, bevor es zum Angriff gienge, sich ebenfalls berauschen müßten, wodurch denn die Neufranken, diese Baalsrotte, mit ihren eignen Waffen geschlagen, und dem deutschen Vaterlande mancher Sieg und Eroberung zu Theil werden könnte.

13) Wir lesen, wie die Neufranken so heillose Mörder und Bösewichter sind, daß sie hinter ihre eignen Truppen Kanonen aufführen, welche, wenn sie sich zurückziehn wollen, auf sie losgefeuert werden. Nun wollte ich wohl nicht rathen, daß man unsre armen Landsleute ebenmäßig behandle, aber da einmal die ungläubigen, unflätigen, wuchernden, betrügerischen, feigen, verfluchten, kurz höchst abscheulichen Juden, von derjenigen Menschenliebe, welche das Evangelium predigt, ausgeschlossen sind, es billig ist, daß sie kein bürgerlich Gewerbe treiben, kein Handwerk erlernen, in besondern Straßen, von Christgläubigen abgesondert, versperret werden, ja an solchen Orten, wo das Vieh versteuert wird, ihren Leib verzollen müssen: so ist es auch nicht anders als billig, daß

aus

aus solchen Juden Freybataillone errichtet werden; und da man sich doch über den Tod solches gottlosen Volks kein Gewissen machen darf, so können hinter solchen jüdischen Freybataillonen ebenmäßig Kanonen aufgeführt, und sie durch Kartätschenschüsse in den Rücken vorwärts zu dringen gezwungen werden.

14) Vor kurzem ist der Vorschlag geschehen, die französische Hauptfestung Landau zu ersäufen; solches bringet mich auch auf den Gedanken, daß es gar nützlich seyn könne, den Rhein, die Mosel und die andern Flüsse, in deren Nachbarschaft jene Unholde, die Neufranken, ihr gottloses Kriegshandwerk treiben, dermaßen zu vermauern und zu verdämmen, daß sie austreten müssen. Hiedurch würden viel tausend dieser Gotteslästerer ersäufet werden, auch würde das faule Wasser viel ansteckende Seuchen erzeugen. Freylich würde auch ein Theil des lieben deutschen Vaterlandes mit verheert werden, aber etwas mehr oder weniger Verwüstung an den Gränzen würde doch nicht viel zu bedeuten haben.

15) Es ist sattsam bekannt, daß der Orden der Jesuiten, wenn er gleich völlig aufgehoben, dennoch so mächtig sey, daß er durch seine heimlichen Machinationen den ganzen Protestantismus

mus umzustürzen drohe. Nun ist meines einfältigen Dünkens, der Protestantismus, welcher sich auf innere Ueberzeugung gründet, ein wenig fester als der französische Staat, welcher doch auch vom äußern Zufalle abhängig bleibt. Man verspreche nun dem Jesuiterorden seine Wiederherstellung, dafern er den ganzen französischen Staat zerrütten und übern Haufen werfen könne. Die Jesuiten, bekannte Schlauköpfe, werden diesen Vortheil gewiß wahrnehmen, uns Protestanten ungeschoren laßen, und ihren Zahn gegen die Neufrankreicher wetzen, und sie sofort wieder zum katholischen Glauben bekehren. Sobald aber nur wieder der ächte Katholicismus und Papismus unter den Neufranken eingeführet ist, darf man sich nur nach Rom an den heiligen Vater wenden, daß er sie mit dem Bann bedrohe; sie werden alsdenn erschrecken, zu Kreuze kriechen, einen König und alle Friedensvorschläge annehmen.

16) Die Geschichte mit dem Zahnarzt l'Evsque ist bekannt, man zahle also den gottlosen Giftmischern Gleiches mit Gleichem, laße aus Italien einige Kisten voll von dem berühmten Aqua tophana kommen, und solche dem Nationalkonvente beybringen. Wenn dieser nun schon die Würkungen zu fühlen anfängt, wie werden da alle Geschäfte zerrüttet werden; wenn
sie

sie nach dem Genusse des höllischen Giftes beständigen Frost fühlen, wird auch das Feuer in allen ihren Geschäften erkalten, und wenn das Volk den ganzen Nationalkonvent so erbärmlich ausdörren und hinscheiden sieht, so wird es solches als ein schweres Strafgericht anerkennen und sich bekehren.

17) Weil die französischen Generale die Befehle des Nationalkonvents aus Furcht vor der Guillotine ausführen, so wollte auch anrathen, solche Guillotinen in Deutschland machen zu lassen, damit auch die deutschen Generale Furcht vor solcher Mordmaschine erhielten, und aus Furcht den Feind schlagen und Paris erobern müßten.

18) Dem Einflusse der abscheulichen Propaganda zu wehren, würde ein heimliches Gericht von großem Nutzen seyn, welches überall seine Spürhunde haben müßte, um nachzuforschen, wer ein Propagandist oder ein Anhänger der Neufränker sey, die man sofort gefangen nehmen und abthun müßte. Zum Präsidenten solches Gerichts ist niemand besser zu empfehlen, als der bekannte Verfasser der Wiener Zeitschrift, welcher jeden Freund der Neufrankreicher schon aus der Ferne wittert; und da er es in seiner Zeitschrift verheißen hat, Leuchtkugeln auszu-

werfen, wobey man solche Aufklärer sogleich erkennen würde, so wird er als Vorsteher einer solchen Staatsinquisition gewiß sich noch thätiger beweisen.

19) Da bekanntlich die Schriftsteller durch Beförderung der gottlosen Aufklärung und durch Vorlesungen und Schriften über Moral und Naturrecht, und jene aus dem blinden Heidenthum ererbte Wissenschaften, den Keim des Aufruhrs verbreiten, so soll allen bey namhafter Pön — (die Hälfte für die Kriegskasse zahlbar, die Hälfte für den Angeber) von Obrigkeitswegen geboten werden, daß ein jeder gegen die Neufranken schreibe. Die Theologi sollen Predigten und Gebete wider die Neufranken abfassen, die Rechtsgelehrten sollen den Königsmördern einen Prozeß formiren, die Constitution über den Haufen werfen, und beweisen: daß kein Natur= und Völkerrecht gegen die Neufrankreicher statt finde; die Aerzte sollen beweisen, daß alle ansteckenden Seuchen und Uebel aus Frankreich kommen, und sollen auf neue Mittel und Gift sinnen, den Neufranken Schaden zu thun. Wer reimen kann, soll gegen die Neufrankreicher dichten, die Romanschreiber antirevolutionistische Romane schreiben, und wer nichts anderes zu schreiben vermag, Schimpf= und Spottreden auf sie drucken lassen. Dadurch

durch wird man auf den Charakter des ganzen deutschen Volkes würken, und wenn solches auch nicht geschehen sollte, wenigstens die Makulatür zu den Patronen um vieles wohlfeiler werden.

20) Ist der Erbfeind der Christenheit, der Türke, noch jetzt in großem Gedränge; man verspreche ihm eine Guarantie aller seiner Staaten, wenn er die Neufrankreicher angreifen wollte, und lasse, um solchen Zweck zu erreichen, den Divan bestechen. Wenn sich die türkische Flotte mit der russischen im schwarzen Meere verbindet, etwa 100,000 Mann Landtruppen einnimmt, und im südlichen Frankreich landen wollte, so würde man durch eine Landung in Südfrankreich der bedrängten Armee in Italien merklich Luft schaffen; und dafern die Türken nicht ohne Zuwachs an Ländern zu bereden wären, so könnte man ihnen die Republik Genua schenken, welche ohnehin durch ihre Neutralität ein Greuel geworden ist.

21) Mein Gevatter, dermalen Wundarzt allhier, ein Mann von großer Erfahrung, welcher dem ganzen siebenjährigen Krieg theils bey dem kaiserlichen theils bey dem preußischen Heere beygewohnet, und der, wenn er alle die Operationen erzählet, welche er in Lazarethen vor-

genommen, jedem Zuhörer immer Fieberschauer abzujagen vermag; dieser mein Herr Gevatter hat mich weislich belehret, daß alle Flüssigkeit, wenn sie in den Magen kömmt, sofort ins Blut geht. Nun aber ists bekannt, daß unser ganzes Temperament vom Blute herrührt, aus dem Temperamente kommen unsere Leidenschaften und Neigungen, und ist mir sehr wahrscheinlich, daß der Franzosen ihre Neigung zum Königsmorde, ihre Leidenschaft für Freyheit und Gleichheit, in ihrem Temperamente und Blute ihren Grund habe. Deshalb ist jede Polizey eifrig zu ermahnen, wohl dafür zu sorgen, daß solche Flüssigkeit also aus den französischen Magen ins französische Blut gekommen, nicht auch zu deutschem Geblüte werde; ist folglich aller französische Wein, sey es auch bey Lebensstrafe, zu verbieten, und bloß denjenigen Weinschenken der Verkauf französischer Weine zu erlauben, welche beweisen können, daß alle Species in den Recepten zur Verfertigung solcher Weine, auf deutschem Grund und Boden wachsen.

22) Auf vorige Behauptung gründe ich ferner, daß das Blut der Thiere schon an sich selbst wohl am leichtesten zu menschlichem Blut werden könne. Solches scheint auch Moses weislich gewußt zu haben, welcher, um zu verhüten, daß nicht die Kinder Israel den Kälbern und

und Kindern zu ähnlich werden möchten, den Genuß alles Blutes untersaget, worin ihm viele christliche Fürsten gefolgt; wie denn unter andern Kaiser Leo, höchstseligen Andenkens, das Verfertigen der Blutwürste bey Staupenschlag verboten. Diesem Beyspiele wollte zu folgen und den Genuß alles Blutes zu verbieten rathen, dahingegen zu befehlen, das hiedurch aufgesparte Blut auf die Exercier- und Paradeplätze zu gießen, wodurch wahrscheinlich bey jungen Kriegern der Muth gar sehr belebt, wenigstens kein Grausen und Erbeben entstehen würde, wenn sie auch dereinst auf dem Schlachtfelde, das Blut stromweiß dahin fließen sehen sollten.

23) Befremdet es mich nicht wenig, daß man in den Schulen die römischen und griechischen Autoren lesen läßt, worin doch soviel von Freyheit, Vaterlandsliebe, Bürgersinn und dergleichen Gräuel mehr vorkömmt. Da man nun weislich den Censoren so große Macht eingeräumet, zu handeln wie es ihnen in den Sinn kömmt, wollte rathen, daß man solchen alle Classiker übergebe, damit durch ihr Bemühen editiones purgatas ans Licht treten könnten, und wäre die Mühe gar gering, wenn sie nur jederzeit statt res publica, Rex; statt Senatus, Ministerium; statt Leges, milites; statt amor patriae, pecunia und dergleichen ähnliche Worte substituiren wollten.

24)

24) Habe ich auch einen großen Abscheu gegen die Ritterromane, weil darin auch die verdächtigen Worte: Freyheit und Vaterland häufig vorkommen; und da nun, wie der liebe Herr Hofstätter zu Wien solches deutlich beweißet, unter den Gelehrten eine große Verschwörung existirt, so ist Vorsicht gegen diese Gelehrten und alle Gelehrsamkeit doppelt von Nöthen, und ist deshalb allen Büchern, worin die Worte: Freyheit, Vaterland und solche gottlose Worte mehr vorkommen, das imprimatur zu versagen.

25) Wollte allen Emigranten, vorzüglich emigrirten hohen Standespersonen, in tiefster Unterthänigkeit rathen, daß, wenn gleich die Tugend ein wenig genirt, sie sich doch dermaßen sittlich, bescheiden, christlich und tugendhaft aufführen möchten, daß alle Zungen ihr Lob zu verkünden gezwungen würden, und man von ihnen so viel Gutes schreiben müßte, als man dermalen Schlechtes schreibet. Wenn nun die Neufrankreicher hören werden, daß alle diese hohen vertriebnen Standespersonen ächte Tugendbilder sind, so werden sie einen großen Respekt vor ihnen bekommen, und sie wieder in hohen Ehren halten und heimholen. Man könnte aber die Achtung für Tugend und Sittlichkeit um ein großes befördern, auch dem Buchhandel nicht

nicht wenig helfen, wenn man alle unflätige und wollüstige Schriften, deren die Deutschen auch schon keinen nicht geringen Vorrath besitzen, ins Französische übersetzen, und nach Frankreich spediren wollte. Die ganze Nation würde dadurch noch tiefer in Schande und Laster versinken, und die Tugenden der erlauchten Emigranten würden sodann um so reiner strahlen. Wenigstens könnte es doch nicht schaden; denn so lange das ganze Volk noch in Wollust, Ueppigkeit und Laster lebte, war es doch zu bändigen, welches, seitdem es die vielen abscheulichen Schriften über Gesetzgebung, Philosophie, vorzüglich über Naturrecht und Moral gelesen, leider nicht mehr statt findet! —

Man wird aus diesem Viertelhundert heilsamer Vorschläge sattsam erkennen können, was für Nutzen der Welt entspringen würde, wenn 2000 solcher Vorschläge durch den Druck bekannt gemacht werden sollten; und ob solches geschehen werde, überlasse der Entscheidung eines höchstgeneigten Publikums und aller deutschen Patrioten.

Da Standespersonen immer nach Belieben zahlen, so setze keinen Pränumerationspreiß, sondern erwarte nur in Bescheidenheit, was das liebe deutsche Vaterland für mich zu thun entschlos-

schloffen sey. Sollte aber irgend ein Buchhänd-
ler das ganze Werk in Verlag zu nehmen ent-
schloffen seyn, so kann er von meinem lieben
Freunde, Abt Hofstätter in Wien, das Nähere
darüber erfahren.

IV.

Die Feinde der Menschheit.

Ein einzelner Mensch, der durch eine grausame
Erfindung, den Menschen so viel Böses zu thun
strebt, als in seinen Kräften steht, verdient unstreitig diese Benennung. Falaris, der den
glühenden Ochsen erfand, um die Menschen auf
eine grausame Art zu morden, und selbst das
Geschrey, das ihnen Angst und Schmerz er-
preßte, denen Zuhörern wieder unangenehm zu
machen; ein Erzbischof Rugiero, der die unglückliche Familie des Grafen Ugolino in einen Thurm versperren, und, damit ihnen nicht
die kleinste Hofnung, vom Hungertode errettet
zu werden, übrig bleiben möchte, die Thüre des
Thurms

Thurms vermauern ließ: diese grausamen Menschen erwarben sich unsern Abscheu Und wenn wir noch die Grausamkeiten eines Silla und Marius, jene Abscheulichkeiten aus den Zeiten eines Tiberius und Nero lesen; dann empört sich unser ganzes Gefühl, und wir stehen im Begriffe der Vorsehung zu danken, daß seit der Zeit so viele Jahrhunderte verstrichen sind; daß wir in einem Zeitraume leben, worin das Christenthum, welches unter allen positiven Religionen die reinste Moral lehrt, und eine gesunde Philosophie den menschlichen Geist vervollkommt haben. Wir glauben dem achtzehnten Jahrhundert den Beynamen des philosophischen geben zu können, und beynahe allgemein ist der Glaube: das Menschengeschlecht rücke immer in seiner Kultur vorwärts. Wir hoffen das goldne Zeitalter, worin es keine Tyrannen und keine Kriege, keine Bösewichter und keine Verbrechen mehr geben werde; dieses sey nicht mehr weit entfernt. Aber wie schrecklich ist am Ende des achtzehnten Jahrhunderts das Erwachen von diesem so schönen Traume! Wir sehen Greuelthaten, so schrecklich, wie sie uns nur die Zeiten der Barbarey liefern. Alle Würkungen der Philosophie, alle Vortheile der wissenschaftlichen Kultur, sind dahin geschwunden! — Der Menschenfreund entschuldigt den Unterdrückten, der in der Rache gegen den Unterdrü-

cker

ter zu weit geht; er entschuldigt ihn sogar, wenn er bey Bestrafung von Treulosigkeit und Meineiden diese Verbrechen zu strenge bestraft, ohne auf die mildernden Umstände Rücksicht zu nehmen; er hält dafür, daß wenn es auch hart sey, Hunderttausende aufzuopfern, um das Glück von Millionen zu befördern, doch der Vortheil der keinern Zahl, dem der größern weichen müsse; und er glaubt, bey der Schwäche des menschlichen Geistes, nicht Vollkommenheit von den Menschen fordern zu können; verargt es einer ganzen Nation nicht, daß sie auch zuweilen nach Vorurtheil und Leidenschaft handle, da auch selbst die weisesten Männer sich davon nicht ganz loßmachen können, und tröstet sich, wenn in einer Welt, aus der selbst die Gottheit nicht alles Uebel zu bannen vermochte, die guten Absichten nicht immer auf dem geradesten Wege erreicht, und nicht immer durch die leichtesten, sanftesten und zweckmäßigsten Mittel durchgesetzt wurden. Aber ein Gedanke muß jeden Freund der Menschheit mit Schauder erfüllen: wenn ein Volk, das große Fortschritte in den Wissenschaften gethan hat, das in seinem Schooße viele der ersten Weltweisen erzeugte, das uns bisher Achtung für seinen Nationalcharakter einzuflößen suchte, nicht weil es ein Despot befahl, sondern nach eigener Wahl und Genehmigung, durch Billigung und den Beyfall

seiner

seiner Repräsentanten, den Krieg noch grausamer und schrecklicher zu machen strebte, als er in irgend einem Zeitalter geführt wurde.

Die alte Geschichte giebt uns Beyspiele von Wüterichen, welche alle wehrhaften Einwohner einer Stadt grausam ermorden ließen, und Weiber und Kinder als Sklaven verkauften. Wir finden zu den Zeiten der Völkerwanderung schreckliche Grausamkeiten; aber Kranke und Greise, Weiber und Kinder, blieben doch größtentheils verschont. Selbst die Tattarn, bey ihren Einfällen unter Dschingis-Chan, würgten nur die Männer. Bloß zu den Zeiten der Kreuzzüge und bey den Spaniern in Amerika, finden wir jene Auftritte erneut, die sich die Juden bey Eroberung Kanaans erlaubten: Wehrlose wurden ermordet, aber nicht von Menschen um ihres Eigennutzes willen, sondern von Fanatikern, die der Gottheit einen Dienst zu thun wähnten. Die mißgeleiteten Menschen waren nur das Werkzeug in der Hand grausamer Priester. Das ganze Volk handelte nicht nach abgeredetem Plane: es wurde durch falsche Religionsbegriffe irre geleitet, und verdient in dieser Hinsicht jenes Mitleiden, welches man selbst Verbrechern nicht versagen kann, deren heftige Leidenschaften, durch falsche Begriffe in Bewegung gesetzt, Ursache der Frevelthat wurden.

E   Die

Die Schande: daß eine ganze Nation, mit ruhiger Kälte sich zur größten Grausamkeit entschließen konnte — diese Schande war nur dem Ende des achtzehnten Jahrhunderts aufbehalten! Hier finden keine Entschuldigungsgründe statt; es ist kein unterdrücktes Volk von Sklaven, das, ohne zu denken, den Befehl eines Despoten oder Priesterfürsten vollzieht — es ist das freye Großbrittanien: ein Volk, das in jedem Fache der Wissenschaften große Männer unter sich entstehen sah, dessen gelehrte Gesellschaften und Akademien sich die Aufmerksamkeit von ganz Europa erworben haben, dessen Geschichtschreiber uns die Greuelthaten Spaniens in Amerika mit Abscheu zeichneten, das nicht durch die römische Hierarchie und Pfaffen irre geleitet wird, sondern sich zur protestantischen Kirche bekennt, bey dem kein Gesetz die Denkfreyheit einschränkt; ein Volk, bey dem die Preßfreyheit ungehinderter, als in vielen andern Staaten ausgeübt wird; und dies Volk entschließt sich zu einer That, wovon uns die Geschichte kein Beyspiel giebt: — es führt den Krieg gegen Greise und Kranke, Hospitäler und Lazarethe, gegen Weiber und Säuglinge, Wittwen und Waisen!, und keiner von allen Repräsentanten des Volks steht auf und erhebt seine Stimme gegen diese schändliche That,

son=

sondern die Winke des Mannes, der einst mit den grausamsten Menschen, deren Namen zu ihrer Schande die Geschichte aufbehalten hat, in gleichem Range stehen wird — Die Winke eines Pitt werden ohne Widerrede in diesem Punkte befolgt; ja die Addressen beyder Häuser statten vielmehr für die getroffenen Maaßregeln ihren Dank ab.

Wer nur oberflächliche Kenntnisse vom Kriegswesen hat, der weiß es auch, daß in einer blokirten Festung der Soldat der letzte ist, welcher Brod hat. Indeß den Wehrlosen schon Hunger und Noth quält, behauptet sich der bewafnete und stärkere Theil noch im Besitz der Lebensmittel; und sollte dann die Logik aller Einwohner Großbrittaniens nicht so weit reichen, daß auch bey der Blokade eines ganzen Landes dieser Fall eintreten werde? Hat es uns nicht die Erfahrung gelehrt, daß jedes Volk, welches für seine Meynungen kämpfte, von deren Richtigkeit es sich überzeugt hielt, lieber alles hingab, als diese Meynungen? — Selbst die Bibel liefert uns, in der Geschichte der Makkabäer, Beyspiele in Menge. Die Geschichte der ersten Christen, der Kreuzzüge, und die Geschichte jeder Republik liefern unzählige Beweise, daß jedes sanfte Verhältniß, Vater, Mutter, Geliebte vergessen und aufgeopfert wurden, wenn es auf die Behauptung dieser Meynungen ankam: und welcher philosophische Kopf konnte glauben, daß die Menschen am Ende des achtzehnten Jahrhunderts anders denken würden, als sie seit dem Ursprunge des Menschengeschlechts dachten? War es nicht also eine der grausamsten Erfindungen, auf die nur ein Feind der Menschheit fallen konnte, an die Aushungerung eines Landes zu denken, das, mit Inbegriff der Niederlande, wohl jetzt noch dreißig Millionen Einwohner hat? — Es verräth Mangel an allen kriegerischen Kenntnissen, ein solches Aushungerungssystem für möglich zu halten. Ein Cordon von funfzig Meilen wird einer Armee von hunderttausend Mann, eine beynahe unmögliche Sache; und doch kann eine Armee, durch angelegte Hauptposten, zwischen denen durch kleine Postirungen die Verbindung unterhalten wird, ungleich mehr leisten, da sie nichts als eigner Wille oder Niederlage von der eingenommenen Stelle bringen kann, als eine Flotte, die doch immer vom Winde und den Strömungen abhängig bleibt. Diese Flotte hat freylich auch gewisse Hauptpunkte; aber sie muß sich doch dem feindlichen Kriegshafen gegenüber in solcher Stärke befinden, daß sie nicht befürchten darf, ihren Cordon durch eine plötzlich auslaufende Flotte zerrissen und ihre Schiffe selbst im einzeln angegriffen zu sehen. Fregatten

gatten vertreten bey ihr freylich auch die Stelle der Postirungen, wodurch die Verbindung im Ganzen unterhalten wird; aber zwischen diesen Postirungen sind unstreitig viele Meilen unbesetzt. Ein günstiger Wind, der nach dem Lande zublies, konnte es ja der englischen Flotte möglich machen, Lebensmittel mitten durch die spanische Flotte nach Gibraltar zu bringen; und sollten die Engländer es für glaublich halten, daß eine Sache, die ihnen im Angesichte einer feindliche, ihnen überlegnen Flotte zu thun möglich war, den Franzosen im Angesichte einzelner Fahrzeuge zu thun unmöglich sey? Sollte es nicht jeder geschickte Seeoffizier wissen, daß um eine Linie von zwey bis dreyhundert Meilen zu ziehen, alle Flotten der Welt nicht hinreichend sind? Die großen Schiffe müssen eine bestimmte Fahrt halten, indeß das kleinere Schiff Wege nimmt, die für ein Kriegsschiff Untiefen werden; denn ein Schiff, das funfzehn Fuß unter Wasser geht, kann ja über Stellen hinwegsegeln, auf denen ein Schiff, das dreißig Fuß unter Wasser geht, nothwendig stranden muß.

Die Engländer sind zu gute Seeleute, als daß ihnen dieses unbekannt seyn sollte; und jetzt, da Englands Flotten Herren der Meere sind, kommen noch neutrale Schiffe nach Frankreich,

reich, französische Kaper laufen aus, und das Kriegsschiff Experiment, welches die Besitzungen der Engländer in Afrika zerstört hatte, kam mit seinen vier Prisen ungehindert nach Rochefort.

Da doch niemand diese Erfahrungssätze ableugnen kann, und sie dem Minister Pitt vorzüglich bekännt seyn müssen; so ergiebt es sich offenbar, daß Frankreichs unmögliche Aushungerung der wahre Entwurf dieses Mannes nicht seyn kann, sondern zwey andere Plane scheinen wohl hier die eigentliche Absicht zu seyn.

Sicher ist, daß die Zufuhr der Lebensmittel nach Frankreich erschwert wird; dieses muß sie nothwendig theurer machen. Der Arbeiter auf dem Lande wird sich wohl hüten, die Lebensmittel, die er erzeugte, wegzugeben und selbst zu hungern; und dem Handwerker, welcher die nothwendigsten Bedürfnisse bereitet, wird es wohl auch nicht an Brod fehlen, weil er sein Arbeitslohn erhöhen kann. Diesen Volksklassen, aus denen die mehrsten Rekruten ausgehoben werden, wird also der zugefügte Nachtheil minder drückend. Die französischen Armeen stehen in eroberten Ländern, und es wäre doch in der That eine Menschlichkeit, die an Schwäche gränzte, diese eroberten Länder zu schonen,

deren

deren vorige Herren und ihre Alliirten keine Schonung kennen; und hier werden folglich die französischen Armeen sich schon Lebensmittel zu erzwingen wissen. Wenn also der Künstler, der außer Aktivität gesetzte kleine Krämer oder Arbeiter für den Luxus, seinen Erwerb verliert und hungern soll, so hat er nur die Wahl; in den Stand zurückzutreten, welcher durch Acker- und Gartenbau die Lebensmittel vermehrt, oder sich zur Armee zu begeben. Da das Erstere selbst der Alte und Gebrechliche thun kann, und Grundstücke der Emigranten für einen so höchst billigen Preiß verkauft und verpachtet werden, so wird es auch niemanden an Ländereyen hiezu fehlen; und wenn die entbehrlichsten Menschen im Staate sich zu den Armeen begeben, so leidet Frankreich am wenigsten durch den Krieg.

Diese Sache ist so offenbar und natürlich, daß sie keines Beweises bedarf, und es entsteht also die Frage:

Wer wird durch erschwerte Zufuhr und die hiedurch erhöhten Preiße der Lebensmittel in Frankreich leiden?

Die Antwort ergiebt sich von selbst: daß dieses nur diejenigen Personen seyn werden, die nicht Kriegsdienste leisten, nicht Acker- und Garten-

Gartenbau treiben, oder nothwendige Bedürfnisse fabriziren können; dieses aber sind: die Bewohner von Hospitälern und Lazarethen, Greise, Kranke, Weiber und Säuglinge. — O der Schande! Gegen diese Menschen führt am Ende des achtzehnten Jahrhunderts Pitt einen Krieg!

Unmöglich kann man es von dem Sohne Chatams glauben, daß er so kurzsichtig gewesen seyn sollte, sich einer solchen Barbarey schuldig zu machen, ohne daß ein wichtigerer Zweck damit verbunden gewesen seyn sollte, und Eigennutz bestimmte eine kaufmännische Nation, ihre Genehmigung zu ertheilen.

Frankreich kam im gegenwärtigen Kriege in die Lage Rußlands, das eine Flotte, aber keine Kauffahrer hat. — Frankreichs Handel wurde in fremden Schiffen betrieben; allein die Schiffseigenthümer, die Matrosen mußten doch an Erwerb denken: die Handelsschiffe wurden also als Kaper ausgerüstet, und Englands Handel in allen Meeren unsicher gemacht. Große Summen giengen verlohren, die rohen Materialien für die Fabriken stiegen in ihrem Preiße, viele Fabrikanten verlöhren die Arbeit, viele Handlungshäuser sanken. Mit Handelsneid sah England nun das Glück neutraler Mächte, und diese Na=

Nation, die schon durch die Schiffahrtsakte sich eine Anmaßung über alle andere Schiffahrt treibende Völker erlaubte, und den jetzigen Zeitpunkt für bequem hielt, sich einige Abweichungen vom bisherigen Staats- und Völkerrechte zu erlauben, glaubte auch jetzt durch Schwächung aller neutralen Mächte, ihnen wenigstens einen Theil des Vortheils zu entziehen, den sie von der Vermehrung des Handels haben könnten. Denn so viel war wohl vorauszusehen, daß durch vermehrten Erwerb bey der Schiffahrt, sich die Zahl der Schiffe und Seefahrer in Schweden, Dännemark und Nordamerika vermehren müsse; und dieses konnte unstreitig nach dem Frieden Verminderung der Fracht bewirken. Vermehrung des Geldes konnte in Schweden und Dännemark die Handlungsquellen vermehren, beyde Völkerschaften in den Stand setzen, größere Flotten zu halten, und in Nordamerika wahrscheinlich eine ganz neue Flotte bilden, die vielleicht dereinst Englands ganze Besitzungen in Westindien an sich reißen würde, und die Nordamerika alsdenn wegen der Nachbarschaft schneller angreifen und überwältigen, als das entferntere Großbrittanien vertheidigen könnte. Um dieses zu hindern, ward, aus dem abentheuerlichen Grunde, daß ein Krieg, wie der gegenwärtige, ganz besondere Maaßregeln verdiene, nicht mehr Privateigenthum

thum noch Neutralität respektirt, sondern, — damit neutrale Völker nicht in dem Verhältnisse gewinnen sollten, wie England verlöre, — der Handel derselben gestört, und Englands große Flotte deßhalb zugleich mit in Thätigkeit gesetzt. Durch die Größe dieser Flotte hoffte man zugleich die neutralen Mächte einzuschränken; durch den Mangel, welchen man einigen Personen in Frankreich fühlen ließ, befriedigten gemeine Seelen ihre Rache, weil sie wenigstens einigen Personen wehe thaten, da sie es der ganzen Nation zu thun nicht vermochten; und diese beyden Gründe bestimmten ein ganzes Volk: Maaßregeln zu genehmigen, die nur ein Feind der Menschheit vorschlug. Wir tadeln die Zeiten mit Recht, worin religiöser Fanatismus den Päbsten die Gelegenheit schaffte, gegen Nationen zu wüthen. Aber ist politischer Fanatismus, der einem einzelnen Menschen hiezu die Gelegenheit schaffte, nicht eben so verabscheuungswürdig? Und hat der Britte wohl künftighin ein Recht, Spott und Verachtung gegen das Mönchthum zu zeigen, da man zu Erreichung eigennütziger Absichten (so wie es die Mönche in den finstersten Zeiten thaten), die Religion mißbraucht, Fanatismus auszubreiten strebt, und der Aufklärung, indem man den Verstand umnebelt, entgegen arbeitet? —

Dieß

Dies haben die Engländer im Betreff der Chouans gethan. Sie haben jenen thörichten Almanach, deſſen Druckort Nantes, durch den engliſchen Stempel des Papiers widerlegt wird, drucken laſſen und verbreitet. In dieſem Almanach werden Anführer der Chouans, vormalige Räuber, als vom Pabſt kanoniſirte Heilige aufgeführt. Sie haben Wunder darin erzählt, welche ſich bey dem Tode und den Leichnamen der Royaliſten zugetragen; ja ſelbſt von einem Briefe Nachricht ertheilt, den Gott an die Bourbons mit goldnen Buchſtaben geſchrieben haben ſoll. —

Haben Pfaffen und Mönche jemals den Schwachen ärger gemißbraucht? Und giebt es größere Feinde der Menſchheit, als diejenigen, die Erwerb und Eigenthum ruhiger friedliebender Menſchen an ſich reißen? Die Geſetze des Staats- und Völkerrechts, bisher allen gebildeten Menſchen, allen Häuptern kultivirter Völker heilig, verachten? Die gegen wehrloſe Menſchen wüthen, den Krieg gräßlicher machen, als er ſeit Jahrtauſenden war, und Aberglauben und Fanatismus auszubreiten ſtreben? —

So iſt leider Vollkommenheit nie des Menſchen Loos! — Das achtzehnte Jahrhundert ſchien uns das Jahrhundert der Philoſophie zu wer-

werden, und das Ende dieses Jahrhunderts erneuert die schrecklichsten Gräuel der Vergangenheit und führt den Beweiß: daß der Mensch, den Stolz und Eigennutz leiten, kein Mittel zur Erreichung seiner Zwecke scheut, und sich selbst so weit betäuben kann, den Richterstuhl der Geschichte und der Nachwelt zu vergessen! —

Note des Bürgers Grouvelle an den Magistrat zu Hamburg.

So eben hat der Bürger Grouvelle dem Magistrat von Hamburg eine officielle Note vom 1. Fruktidor übergeben, welche bis zum Augenblick der Ueberreichung allen übrigen Ministern und Gesandten zu Koppenhagen ein Geheimniß blieb, und noch diesen Augenblick selbst in Hamburg wenigen bekannt geworden ist. Der Redakteur dieses Journals würde diese Note ganz liefern, wenn er nicht gewiß wüßte, daß sie im 2ten Heft der neuen hyperboreischen Briefe zugleich oder gleich nach dem Ungeheuer mit Anmerkungen erscheint. Hier nur einen Auszug.

Es heißt nämlich in dieser Note:

„Daß die französische Republik seit langer „Zeit die nachtheiligsten Berichte über das Be„tragen der Stadt Hamburg gegen die fränkische „Republik erhalten habe."

„Daß

„Daß man sich zu Hamburg geheime Pläne
„erlaubt, um die Münze der Republik her:
„abzuwürdigen. Daß die Zeitungsschreiber,
„unter der Aufsicht der Censur des Senats der
„Wahrheit und dem gesunden Menschenverstan=
„de zum Hohn, unaufhörlich das französische
„Volk insultirt, die Grundsätze der Franken
„entstellt, ihre Absichten verläumdet, ihre Tri:
„umphe geläugnet, und ihren Ruhm geschän:
„det hatten. Daß man fränkische Bürger in=
„sultirt, hingegen die Ausgewanderten gehegt,
„und auf eine ärgerliche und sogar gegen die
„Reichsgesetze laufende Art den im englischen
„Sold stehenden Emigrantenkorps Werbungen
„gestattet habe.

„Dieses Betragen daure sogar jetzt noch
„fort, da die Republik ihre Absichten außer
„Zweifel gesetzt, mit Preußen und andern Mäch:
„ten ehrenvolle Verbindungen geschlossen, und
„Norddeutschland in Sicherheit gesetzt habe."

Der Schluß dieser Note mag mit den eig:
nen officiellen Worten hier Platz finden:

Le Gouvernement français ne peut plus renfermer la peine, qu'ilressent d'un état des choses si contraire à celui, que les obligations de la reciprocité devroient avoir établi.

Con-

Confiderant l'urgence, et n'ayant point encore de Miniftre accredité à Hambourg, le Comité de falut public de la Convention nationale, ayant la direction des relations exterieures, a chargé le fouffigné Miniftre de la Republique françaife prés de la Cour de Dannemarc de faire connoitre au tres-noble et tres venerable Senat de la ville libre imperiale de Hambourg, combien la France a lieu de fe plaindre de la conduite qu'elle a tenue envers elle et à l'egard de fes Citoyens, et de lui d'eclarer que cette conduite forcerait le Gouvernement français à en avoir une femblable vis-à-vis des hambourgeais, fi le Senat ne s'empreffoit de revenir à des procédés plus dignes de fes anciennes liaifons avec la nation françoife, liaifons auffi utiles qu'honorables pour la ville de Hambourg, et que jufqu'à cette epoque elle avoit mis plus de foin à cultiver.

Ich bitte, die Anmerkungen zu dieſer Note in den neuen hyperboreiſchen Briefen nachzuleſen, kann aber doch nicht unterlaſſen, die Leſer darauf aufmerkſam zu machen, daß der erbärmliche Herausgeber des Revolutionsalmanachs, und einige andere Wichte ſeines Gleichen, alle Mühe angewandt haben, die Einwohner Hamburgs und den dortigen Magiſtrat als Jakobiniſch geſinnt zu verläumden. Vielleicht möchten noch andre deutſche Handelsſtädte

ihr

ihr unüberlegtes Betragen gegen die Republik Frankreich in der Folge bitter bereuen. Eine gewisse Stadt in Sachsen kann sich versichert halten, daß dem Wohlfarths=ausschuß alle Verletzungen der gesunden Vernunft, des Natur= und Völkerrechts bekannt geworden sind, welche sich der dortige Magistrat gegen fränkische Bürger, und gegen fränkische Grundsätze erlaubt hat. Vermuthlich würd der Aristokratenklubb daselbst, und die gegen Frankreich koalisirten Magisters schon die Ahndung der Republik empfunden haben, wenn beyde nicht — zu klein wären.

VII.

VI. Fragmente aus dem zweyten Theile der Wanderungen und Kreuzzüge durch einen Theil Teutschlands, von Anselmus Rabiosus dem Jüngern *).

Hessen.

Fragment eines Gesprächs.

Von Bischhausen bis Hülsa geht die Straße über Gebürge und Wälder. Die Wege sind für Hypochondristen eingerichtet, zumal wenn man

---

*) Der Magistrat zu Leipzig, und die Magisters, welche in dieser berühmten Stadt mit Steyes und dem Wohlfarthsausschuß Krieg führen, und die fränkische Konstitution schon deshalb sehr schlecht finden, weil man sie dabey nicht um Rath gefragt hat, haben die obengenannte Schrift äusserst gefährlich gefunden, und die Bücherkommission, wahrscheinlich um zu beweisen, daß die an ihr gerühmte Despotie über Pressen übertrieben sey, hat 230 Exemplarien davon weggenommen. Es sind also von der Auflage nur 770 Exemplare verkauft worden, und eine neue, vermehrte und

F

man eine Extrapostkutsche hat, wie die meinige war. Die Felder sind, wie hingekleckt neben Steinen und meilenlange Forste, und auf den Aeckern arbeiteten Weiber, größtentheils von einer auffallenden Häßlichkeit. Vom männlichen Geschlechte sah ich nur Greise, Krüppel oder Knaben.

Bey einem Berge, dessen Namen ich unglücklicherweise vergessen habe, stieg ich aus, weil mir bange war, die Pferde möchten sonst liegen bleiben. Ein Landpfarrer, der dem Geistlichen in Chodowieckys erstem Kupfer zum Tristram Shandy nicht unähnlich sah, ausser daß er es noch nicht so weit gebracht hatte, um sich eine Klapper anzuschaffen, wandelte am Wege hin. Sein Gang war schleichend, seine Gestalt niedergekrümmt, seine Sprache leise.

"Wie kommts, fragte ich ihn, daß hier so viele Weiber auf dem Felde arbeiten?" Die

und verbesserte ist im Begriff zu erscheinen, welcher ein zweyter Theil folgen soll. Mit der Büchercommission wird der Verf. bey dieser Gelegenheit weitläuftiger zu sprechen sich die Freyheit nehmen.

Anm. des Einsenders.

Die Männer sind — schlafen gegangen.

"In ihrer Heymath?"

Fern, fern von ihren Hütten. Gott weiß wo! bey Saratoga, — am Rheine.

"So Viele?"

Acht und zwanzig giengen von meinem Dorfe aus. Viere kehrten wieder. Sechzehn sind begraben.

"Und die andern achte?"

Sind in Frankreich geblieben, und wollen nicht wieder in ihr Vaterland.

"Sonderbar! des Menschen heimischer Boden ist ihm doch sonst der liebste."

Ist es ihm auch überall, wo der Mensch gilt, was er werth ist. Da vertauscht er seine rauhen Gebürge nicht mit den Orangewäldern eines mildern Himmelsstrichs. Aber wo er das nicht gilt, wo er nur Waare ist, wo der Sohn dem Vater, dem Bruder der Bruder entrissen, und fortgeschickt wird nach fernen Welttheilen, da — da kennt man die süße Anhänglichkeit ans Mutterland nicht.

Da

Da ruht keine Freude in den Hütten, da seufzt man, und flieht, wenn man kann, und kehrt nicht wieder, wenn man entflohen ist.

"Wäre das wohl hier der Fall?"

Ach! mein Herr! ich habe ja nur im Allgemeinen gesprochen.

Fürchten Sie nicht, daß ich Sie etwa nur aushören wollte, Sie dürfen frey sprechen.

Was hilft das? Ach eben das ist unser Uebel. Daß so viele sprechen, und so wenige handeln. Ich hasse die Deklamationen über Menschen Elend. Da bauen sie Luftschlösser und bessern am Pallast des Kaisers von China, und lassen die Hütten darüber zusammen stürzen.

Wohl wahr; aber kann man wohl überall handeln, und ist es nicht besser, zu zusehen, als zu handeln, wo man höchstens einreißen könnte, und weiter nichts?

Mein Herr, man kann alles, was man ernstlich, und auf dem rechten Wege will, ohne deshalb zu zerstören und umzureißen. Aber eben das ist das Unglück, daß die Menschen nicht wollen lernen.

nen. Wer sich selbst zur Waare macht, der kann nicht klagen, wenn er als solche behandelt wird. Wer da trägt, was er nicht soll, hat kein Recht, darüber zu klagen, daß ihm zu viel aufgelegt wird.

Hier schied mein Landpfarrer, und ich stieg wieder in meine Kutsche.

Spät Abends kamen wir in Hülsa an. Der Postmeister ein äusserst ungefälliger Mann, zwang uns, ein Pferd mehr zu nehmen, und das aus keiner andern Ursache, als — weil es ihm so beliebte. Nach einem Auffenthalt von dritthalb Stunden erhielten wir ein Gebäude, welches etwa im dreyßigjährigen Kriege zur Staatskarosse irgend eines Landedelmanns gedient haben möchte. Es war so baufällig, als — die teutsche Reichsverfassung, und die Bewegung dieses Kastens so schneckenmäßig, als der Gang der Berathschlagungen auf dem Reichstage zu Regensburg.

Kaum waren wir zum Dorfe hinaus, als sich der hintere Theil des Wagens senkte, und immer mehr parallel mit der vordern Achse hieng. Endlich als es schon ganz Nacht wurde, und ein wilder Platzregen fiel, rissen die Riemen, wir waren gezwungen, ins nächste Dorf zu laufen; und mit Mühe weckten wir einen ehrlichen Landmann auf, der nach anderthalb Stunden die Riemen, so gut es gehn wollte, zusammen flickte.

Kurz wir brachten über einem Wege von drey Stunden bey guten Wege, auf einem Straßendamm nicht weniger als sechs volle Stunden zu.

Wahrscheinlich ist Teutschland das einzige Land in der Welt, in welchem man Wegegeld bezahlen muß, wo keine Wege sind, Geleite, wo man von Niemand geleitet wird, und Pferde, die man nicht braucht. Es ist unerlaubt, seine Briefe, seine Gelder, und seine Person anders, als durch Hülfe der vom Landesherrn errichteten, und von den Unterthanen theuer genug bezahlten öffentlichen Anstalten von einem Orte zum andern zu schaffen, und dennoch werden die Briefe erbrochen, die Gelder sind Gefahren ausgesetzt, und die Personen befinden sich nirgends übler, als auf den Postwägen. Die Extraposten sind theuer und schlecht, die Postmeister tapiren nach Willkühr, und die Postillons sind grob. Die Dilligen-

cen

cen gleichen den Wägen, worauf man in andern Ländern Verbrecher zum Hochgerichte führt, und man achtet die Gesundheit der Reisenden so wenig, daß in den meisten Ländern nicht einmal ein Tuch überspannt wird, um sie vor Regen und Wind zu schützen. Uebrigens erhöht sich die Bezahlung gewöhnlich in eben dem Maaße, nach welchem Bequemlichkeit, Sicherheit und Geschwindigkeit abnehmen.

Cassel.
Die neue Bastille.

Mit welchem schicklichern Namen könnte ich wohl ein Gebäude bezeichnen, welches am Anfang der Fuldabrücke, rechter Hand, wenn man in die Stadt kommt, erst seit einem Vierteljahr errichtet worden ist. Vorher stand eine Kirche und ein Blockhaus auf dem Platze.

Dieses Gebäude ist eine völlige Nachahmung der Bastille. Ringsherum laufen Wälle und Wassergräben, an den Ecken stehen Kanonen und Wachten. Innerhalb sind 80 Gefängnisse enthalten. Man könnte also den Styl, in welchem das Ganze gebaut ist, füglich den Despotenstyl nennen.

Das gemeine Volk trägt sich mit der Sage, daß diese Kanonen allezeit abgefeuert werden sollen, sobald irgend jemand in dieß Gefängniß geworfen wird, damit man wisse, daß nichts in Geheim geschehe. Im Grunde ist es wohl einerley, ob die Exekution einer Strafe in Geheim oder öffentlich geschieht, wenn die Strafe selbst in Geheim erkannt wird. Das Ganze sieht überhaupt sehr geheimnisvoll aus.

So ein Gebäude, welches man von allen Seiten der Stadt aus sehen kann, befördert ungemein die Freyheit im Denken, und verhält sich zu dem neuen hessischen Hochverrathsedickt, wie das referens zum relato.

Dem Vernehmen nach soll diese neue Bastille aus Menschenliebe erbaut worden seyn. Die Staatsgefangenen saßen nemlich bisher meist in Spangenberg, wo es ihnen oft an frischem Trinkwasser gebrach. Daher will nun der Landgraf sie künf-

künftig damit versorgen; und hier haben sie dann auch wirklich so viel Wasser, daß sie sich nicht über Mangel daran beklagen können.

Vier zusammengeschossene Krüppel, welche dieß Gebäude von der Brücke aus aufmerksam betrachteten, brachten mich auf den Gedanken, daß die neue Bastille sich zu den Subsidientraktaten des Landgrafen verhalte, wie — der zweyte Septembertag zum Jakobinerklubb. Vermuthlich hat Pitt auch den Riß dazu aus England geschickt.

Wenn irgend ein Naseweiß, der zum Besten des Landes in fremdem Sold gegeben wird, über diese Brücke marschirt, und sich etwa an eine Stelle aus der Erklärung der Menschenrechte erinnert; so mag er um sich blicken, und sehen, daß der Kaufpreis wenigstens gut angewandt wird.

Verdelets Kaffeehaus.

Eines der schönsten Kaffeehäuser in Teutschland, möchte ich wohl mit Recht sagen. Innere Einrichtung und Aufsicht sind gleich vortreflich. Man übersieht von demselben nicht nur den schönen Pa-
rade-

radeplatz, sondern auch eine wahrhaft italiänische Parthie. Cassel liegt überhaupt, und hauptsächlich gegen diese Seite zu, wie ein Paradies in einer Wüste. Man kann nicht schöner bauen, als man hier gebaut hat.

Monsieur Verdelet, der Besitzer dieses Hauses, hat es mit Glanz und Geschmack eingerichtet. Auch findet man ganz artige Gesellschaft. Ich sah von hier aus die Parade, und kann nicht läugnen, daß mich die Schönheit der hessischen Truppen hinriß. Ein Tritt, ein Klang, eine Bewegung! die Offiziere glänzen von Gold und Silber, und sind größtentheils ausgesucht schöne Männer.

Man muß diese Parade sehen, um sich zu überzeugen, welch ein schöner Menschenschlag die Catten sind. Um so auffallend häßlicher sind hingegen die Weiber des gemeinen Standes. Sie stechen gegen die Männer ab, wie wenn sie gar nicht aus einem und eben demselben Lande wären.

Ich sah hier den Landgrafen, der alle Tage pünktlich zur Parade kommt. Sein Aeusseres hat etwas kräftiges, etwas martialisches.

Ehe=

Ehedem soll er viele Liebhaberey für's Corporalfach geäussert, und seine Soldaten mit höchsteignen Händen derb ausgeprügelt haben, dieß hat er jetzt aufgegeben.

Ueberhaupt muß ich, der Wahrheit zur Steuer, gestehen, daß ich bey einigen Paraden, denen ich beywohnte, auch nicht einen einzigen Schlag austheilen sah. Auf jeder preusischen und selbst sächsischen Parade würde es nicht so ganz leer abgelaufen seyn. Im Gegentheil schien mir die Behandlung der Truppen äusserst leutselig und freundlich.

Der Landgraf nimmt hier eigenhändig Bittschriften an, und — was sehr lobenswürdig ist, liest sie selbst durch. Ich sah, daß er gleich nach Durchlesung einer solchen Supplik einen Gefangenen von der Kette losschließen ließ.

Der Weisenstein.

Mit dem festen Vorsatz, blos zu genießen, und jede Erinnerung zu verbannen, die mich im Genuß stören könnte, fuhr ich Morgens um sechs Uhr nach Weisenstein. "Ehre Kunst und Geschmack, wo du beyde findeſt, und vergiß, daß dieſe Steine vom gequälten Volke mit Blute und Thränen zuſammengetragen, und ihm mit Blute und Thränen wieder bezahlt worden ſind." So hieß mein Wahlſpruch an dieſem Tage.

Wahr iſt es, Caſſel mit ſeinen Herrlichkeiten gleicht einer Spinne, welche das Mark des wüſten Landes umher in ſich geſaugt hat. Aber ſollen wir deshalb, gleich Robespierres Vandalenhorden, die Schätze der Kunſt zerſtören, welche hier zuſammengehäuft ſind?

Lachen mußt' ich, als einer meiner Reiſegefährten die Bemerkung machte, daß ihm ein Tempel, den etwa Muley Iſmael im beſten Geſchmack erbauet haben möchte, nichts als bittere Empfindungen verurſachen würde.

Warum das? Würden wir eine römiſche Waſſerleitung nicht bewundern, wenn ſie auch Nero gebauet hätte?

Selbſt der Tyrann kann ja doch endlich dem ewigen Kreislauf der vergeltenden Gerechtigkeit nicht widerſtehen. Er ſchlägt die Brutuſſe ſeiner Nation in Feſſeln, und kauft von ihrem geraubten

Ver-

Vermögen ein Gemälde, das die Heldenthat eines Curtius darstellt. Der junge Künstler, der seines Nachfolgers wollüstiges Kabinet ausmahlen soll, studiert die Gallier — die Bilder der Vorzeit überraschen seyn Herz — das Ideal der republikanischen Tugend lebt auf in seinem Herzen, und so wird der Keim gepflanzt, aus dem mit der Zeit der Freyheit ein Baum emporwächst. Die Prachtgebäude des stolzen Fürsten werden wieder, was sie waren, National-Eigenthum, in seinen Prunkzimmern pflegt die Nation das Alter des ersten Helden, der den Tyrannen stürzte, und an dem Platze, wo ein elender Schwächling seine Bildsäule bey Lebzeiten mit lügenhaften Innschriften hatte errichten lassen, fällt seiner Nachkommen Haupt unter des Henkers rächender Hand.

Es versteht sich wohl ohne Bemerkung, und ich erkläre es blos um der Schwächlinge willen, welche überall Deutung suchen, daß ich hier nicht den Weisenstein im Sinne habe. Ich eifre nur gegen den Genius unserer Zeit, der seine Rache gegen die Unterdrücker der Menschheit an leblosen Kunstwerken ausläßt, und nicht die Kunst achtet,

ohne

ohne zu fragen, woher sie stammt. Oft liegt bey denen, welche den Pallästen Krieg ankündigen, auch mehr hämischer Neid, als wahrer Haß gegen Volksbedrücker und Verschwender, zum Grunde.

Also — vergessen sey die Geschichte der Erbauung des Weisensteins, und Genuß trete an die Stelle der ersten Ueberlegung.

Eine prächtige gerade Allee führt vom Königsthore aus nach Weisenstein. Das Oktogon auf der Spitze des Berges bleibt immer im Angesicht des Wanderers, aber der große farnesische Herkules auf der Spitze der Pyramide stellt noch keine abgesonderte Gestalt dar, sondern sieht blos einem Thurmknopfe ähnlich. Man rollt über den treflichen Straßendamm hin, als flöge man, und bemerkt kaum, daß man einen nicht unbeträchtlichen Berg erreicht hat, bis man in Weisenstein angekommen ist, und das schöne Thal um Cassel tief unter seinen Füßen erblickt.

Das Schloß des Landgrafen besteht aus drey abgesonderten Gebäuden, wovon zwey die Flügel ausmachen. Die Gebäude sind oval, und im

schön-

schönsten Geschmack aufgeführet. Im Innern herrscht wahrhaftig königliche Pracht, und im Hauptsaale findet man auserlesene Gemälde von Tischbein. Das Meublement ist vortreflich.

Der englische Garten hat mehr als 2 Stunden im Umfang, und Natur und Kunst haben alles gethan, was man fordern kann, um hier seelige Augenblicke zu verschaffen. Die lieblichste Aussicht verändert sich fast von jedem Punkte aus in neue noch schönere. Auf mich machte es aber einen unangenehmen Eindruck, daß man überall auf Inschriften stößt: hier liegen Fußangeln ꝛc. ferner auf Warnungstafeln, worauf Karrenstrafen und dergl. abgebildet sind. — Verleugnet denn der Despotism auch mitten unter den Reizen der himmlischen Gegend seine Natur nicht? Wie väterlicher und schöner sind nicht im Wörlitzer und Weimarer Park die Bitten um Verschonung der Gewächse und Rasenwege! Eine solche Warnungstafel sieht immer aus, als wüßte der Besitzer des Gartens, daß den Besuchenden die Lust anwandeln müsse, die Anlagen zu zerstören. Die Parthieen am großen Teiche, Bagatelle, und hauptsächlich

im

im neuangelegten Schloß im gothischen Geschmack übertreffen vieles, was von dieser Art in Teutschland sonst sehr gerühmt wird. Das letzte hat den Hauptvorzug, daß man ihm seine neue Erbauung nicht ansieht. Mir ist nichts eckelhafter, als eine moderne Ruine, wie z. B. die im Meinunger oder Weimarer Park. Diese letztere verhält sich zur Caßler, wie — Otto der Schütz zu Götz von Berlichingen.

Unter andern findet man in diesem Park auch ein im chinesischen Styl gebautes Dörfchen. Der vorige Landgraf soll die Absicht gehabt haben, daß Dörfchen mit Mohren zu bevölkern, welche sich hier fortpflanzen sollten. Warum sollte er nicht eben so wohl Mohren kaufen, um sie hier zu vermehren, als England Hessen, um sie zu — schlachten.

Die bedeutendsten Anlagen aber nebst den großen und berühmten Caskaden findet man, wenn man den hinter dem Schloß gelegenen ziemlich hohen Carlsberg besteigt. Die hier befindliche vom jetzigen Landgrafen angelegte Wasserleitung ist in der That ein großes Werk, welches dem Geschmack des Erbauers Ehre macht. Das Ganze besteh steht eigentlich aus großen Bogen von Quaterstei‍nen, über welche das Waſſer in einer Höhe von 100 Fuß herab gegen Felſen, und dann in das große Baſſin der Hauptfontaine ſtürzt. Dieſe Hauptfontaine hat 150 Fuß Höhe, und es giebt wirklich einen überraſchenden Anblick, wenn alle dieſe Waſſer auf einmal mächtig daherrauſchen. Links iſt die ſogenannte Teufelsbrücke, eine gleich‍falls ſehr romantiſche Anlage.

Die Grotte des Pluto gehört unter die Spie‍lereyen, welche noch aus der Zeit des vorigen Landgrafen übrig ſind. Doch macht das Ganze derſelben keine üble Wirkung.

Nicht weit über dieſer Grotte ſind die Haupt‍caſkaden. Dieſe Caſkaden ſind an 870 rheinländi‍ſche Fuß lang, und 40 Fuß breit. Wirklich er‍ſtaunt man, wie Menſchenhände ein ſolches Werk zu Stande bringen konnten. Nicht Stein, ſon‍dern Felſen ſind hier zuſammengehäuft worden, und bilden Baſins und Grotten von mancherley Art. Die dabey angebrachten Waſſerorgeln, verei‍nigen ſich mit dem mächtigen Rauſchen der Waſ‍ſerfälle, und verſetzen den, welcher das Ganze zum erſtenmal ſieht, in eine Art von Betäubung.

Endlich kommt man an das Hauptgebäude, den sogenannten Winterkasten, ein Oktoyon, welches 224 Fuß im Durchschnitt hat. Auf der Plattform dieses Gebäudes steht eine 96 Fuß hohe Pyramide, welche die aus Kupfer getriebne Statue des farnesischen Herkules trägt, eine Statue, welche gewiß kolossalisch genannt werden kann, da sie 31 Fuß hoch ist, und in der Keule zwölf Personen Raum haben.

Nach dieser schrecklichen Höhe kann man schon urtheilen, welche Wirkung das Ganze von oben aus machen muß. Es war gerade Sonntag in der Messe, als ich diese Pyramide bestieg. Alle Wasser sprangen, und der ganze Weisenstein war mit Menschen, wie besäet, welche wandelnden Marionetten von oben aus glichen. Ewig haußt auf dieser Höhe ein kalter Wind, und nun die Aussicht — alle die rauschenden Bäche, Stürze, Fontainen, der schöne Park — warlich! in dem Augenblicke konnte ich nicht, wie Baggesen, daran denken, daß die Thränen der Unterthanen auch einen ziemlichen Wasserfall geben möchten. Das Riesenwerk steht ja einmal da, also — einen Schleyer über die Vergangenheit.

Die

Die Idee zu dieser Caskade hat sich bey dem verstorbenen Landgrafen in Italien erzeugt, und er brachte den Baumeister Guernieri mit, um hier in Weisenstein den berühmten Wasserfall von Tivoli nachzubilden.

Ein Traum.

Nach einer ziemlich glänzenden Mittagsmahlzeit, wobey eine Menge Sterne und Ordensbänder paradirten, begab ich mich nach einer einsamen Bank im hintern Theil des Parks, um dort meine Sieste zu halten. Vom frühen Morgen an war ich herumgewandert, um die Schönheiten Weisensteins zu besehen. Wars Wunder also, daß meine Einbildungskraft mich auch im Traum in die Grotte des Pluto versetzte.

Plötzlich erbebte sie von einem rollenden starken Donner, der Boden unter mir schien zu versinken, ein schreckliches Gewitter senkte sich herab, und umhüllte mich mit schwefelblauen Blitzen. Ich zitterte und eilte aus der Grotte, um einen sichern Zufluchtsort zu suchen. Aber

Aber wie erstaunte ich, als ich weder den Park, noch das Oktoyon, noch irgend eine von den Schönheiten, die mich vorher so sehr überrascht hatten, mehr erblickte. Statt der Pyramide erschütterte mich der Anblick eines ungeheuren Haufens von Schädeln und Knochen, und statt des Parks lag vor mir — das Schlachtfeld von Saratoga.

Tausende von Hessen stiegen aus der zerrißnen Erde empor. Hier schleppt einer gräßlich seine Gedärme nach, dort hieng der Arm des andern zerfetzt am Gerippe, hier brüllte ein dritter mit blutendem Schädel um Rache. Die Caskaden sprangen, aber mit Blut. In die Wetterwolken dampfte der Qualm aus den Blutströmen, die immer mehr anschwollen, und endlich die prächtigen Flügel des Schlosses, nebst allen Lusthäuschen mit sich fortschwemmten.

Ich floh ängstlich wieder in die Grotte. Immer noch zischten die Blitze, rollten die Donner, rauschten die Blutströme. An den Marmorwänden spiegelte sich das gräßliche Gewimmel im Thale.

Plötzlich drang eine Schaar Greise und Weiber herein. Ihre ausgemergelten Arme streckten sie schweigend empor zum Himmel, ihre vertrock-

neten

neten Augen starrten thränenlos gegen das Schlachtfeld. Geister der Rache schwebten in die Grotte, in ihrer Mitte war eine Gestalt, die ängstlich nach einer vorgehaltnen Krone griff, und aus lauter Verzweiflung Reliquien und Amulette an die Brust drückte, um die Quälgeister zu verjagen.

Die Greise und Weiber, die zersetzten Krieger, die blutigen Gerippe erblickten kaum diese Gestalt, als sie wüthend auf sie zueilten. Die Furien von Stein in der Grotte wurden lebendig, Cerberus heulte, und riß sich los, und, wie Hunde nach einem gehetzten Hirsch, so stürzten sie auf den Kronenträger zu. Er floh, eilte hinweg über die aufgehäuften Schädel, schwamm durch die Blutströme, es entfiel ihm die Krone, es entfielen ihm die Amulette und Reliquien, und seine Verfolger ließen noch nicht ab. Endlich haschten sie ihn, und führten ihn durch die Pforte der ewigen Quaal knirschend, um Rache heulend vor Plutos Thron. Ein neuer furchtbarerer Donner rollte, und eben wollte Pluto ein Urtheil sprechen, als ich — erwachte, und zurück in den Tanzsaal eilte, weil ich nicht länger Lust hatte, so zu träumen.

VIII. Anekdoten und Miszellen.

1.

Als der jetzige Churfürst von Cölln sein Land beym ersten Einfall der fränkischen Armeen verließ, sagte er laut zu seinen Offizianten: "Meine Kinder! wenn die Franzosen kommen, so thut, was sie von euch verlangen; ich will nicht, daß ihr euch durch eine unzeitige Weigerung unglücklich machen sollt. Fühlt ihr euch bey der fränkischen Verfassung glücklicher; so mögt ihr sie behalten, denn ich will nichts, als euer Glück; seyd ihr aber überzeugt, daß ich es stets gut mit euch meynte; so werdet ihr mich gerne wieder aufnehmen, wenn ich zu euch zurückkehren sollte."

So sprach und dachte ein Fürst, der ohne Geräusch so viel Gutes gewirkt hat, als ihm die Pfaffen erlaubten, über welche er, der Lage der Umstände nach, nicht ganz Herr werden konnte. Solche Züge macht der redliche Mann mit desto größerer Freude bekannt, je seltner sie sind.

Dieser edle Churfürst war es auch, der Eulogius Schneidern vor der Wuth der Jesuiten schützte,

schützte, der zuerst von seinen Gütern Steuern gab, um seine Unterthanen zu erleichtern, der Mäßigkeit und Sparsamkeit bey seinem Hofe einführte, und Arme in ihrer Hütte selbst aufsuchte, um sie zu erquicken. Laut tadelte der edle Mann Marien Antoinetten, Artois, und die tückischen Prinzen, laut gab er dem Verräther Dumouriez seine Verachtung zu erkennen, ehrlich und gerade gieng er immer den Weg der Rechtschaffenheit.

Die fränkische Nation wird auf diese Denkungsart hoffentlich Rücksicht nehmen, so weit es die Umstände zulassen.

2.

Die royalistischen Tageblätter machen sich jetzt ein eignes Geschäft daraus, den elenden Artois minder verabscheuungswürdig, ja sogar von der besten Seite zu schildern. Daher verbreiten sie auch von ihm die Anekdote, daß er sich vom König von England ausgebeten habe: "man möge doch ja die Verproviantirung Frankreichs durch neutrale Schiffe nicht verhindern."

Dieser

Dieser Theaterstreich ist eine armselige Nachahmung der bekannten Milde des großen und guten Heinrichs gegen das belagerte Paris. Aber Artois und Heinrich! Wie elend ist der Kunstgriff des nichtswürdigen Prinzen! Wie verschieden seine Lage von der des guten Königs!

Man müßte die fränkische Nation für ein erbärmliches Volk halten, wenn man auch nur einen Augenblick glauben könnte, eine so jämmerliche Nachahmung werde einige Wirkung auf den Charakter der Nation äussern.

3.

In einer teutschen Stadt, worinnen sich sehr viele Ausgewanderte aufhalten, deren größter Theil vom Allmosen der allzugutmüthigen Einwohner lebt, schossen diese Flüchtlinge von ihrem größtentheils erbettelten Gelde zusammen, um gemeinschaftlich ein großes Stück ponceaufarbnes Band von Frankfurt kommen zu lassen. Dieß ponceaufarbne Band war bestimmt, um die Ludwigskreuze zu marquiren. Man sieht also, was das erste Bedürfniß dieser Elenden ist, ein Stückchen Band, um um einen Orden zu bezeichnen, der nicht mehr existirt. Gewiß wird auch ein solcher Ausgewanderter eher auf die nothwendigsten Bedürfnisse, als auf diese lächerliche Eitelkeit Verzicht thun.

4.

Die Bigotterie der französischen widerspenstigen Priester mag folgende Thatsache beweisen:

Ein ausgewanderter Priester wurde in einem protestantischen Dorfe aus Mitleid unentgeldlich verpflegt. Eines Morgens nahm er seine Habseligkeiten zusammen, und eröfnete einem Bauer der Gemeinde, wie es ihm sein Gewissen nicht erlaube, länger bey Leuten zu bleiben, welche ohne Rettung ewig verdammt seyen. Der ehrliche Bauer dachte vernünftig genug, den dummen Priester in Friede ziehen zu lassen.

5.

Die Intoleranz, Bosheit und Dummheit der ausgewanderten Priester übertrifft im Allgemeinen jede Beschreibung. Einer der schlimmsten unter ihnen

ihnen ist ein Bruder des heiligen Bettlers La b r e, der selbst für einen heiligen Zwitter, oder so etwas, ausgeschrieen wird, vermuthlich, weil er an Unverschämtheit, Undankbarkeit und Faulheit gewöhnliche Taugenichtse weit übertrifft. Der Churfürst von Sachsen ließ dieß Wunderthier nach Dresden verschreiben. Wahrscheinlich werden die braven Sachsen große Freude darüber empfinden, ein unnützes Geschöpf mehr füttern zu müssen.

IX. Erinnerungen aus den Jahren 1789-95, von Martin la Riviere.

Nicht, um mit hämischer Freude vergeßne Gräuel wieder in Erinnerung zu bringen, oder um diejenigen, welche jetzt zur Versöhnlichkeit geneigt scheinen, zur neuen Rache zu entflammen, sondern vielmehr, um die Epoche des Friedens und der Ruhe zu beschleunigen, und einen, am Kriege, der die Menschheit zerfleischt, am meisten schuldigen Theil zu einigen Aufopferungen zu bewegen, ohne welche der Friede noch fern seyn möchte, halte ich es nicht für überflüßig, einige Erinnerungen
und

und Parallelen in Anregung zu bringen, welche vielleicht Beherzigung verdienen möchten.

Im Jahr 1789 wollten die Franken sich eine neue Verfassung geben, um sich glücklicher zu machen. Die Europäischen Mächte mischten sich in die innern Angelegenheiten Frankreichs, und behaupteten, Frankreichs Einwohner müßten so unglücklich bleiben, als sie es unter der Regierung ihrer Tyrannen gewesen waren.

Im Jahr 1790 verschworen sich die französischen Prinzen und der Hof gegen ihr Vaterland. Die auswärtigen Mächte unterstützten diese Verschwörung mit bewaffneter Hand.

Im Jahr 1790 schlug das deutsche Reich alle die Entschädigungen aus, welche ihm Frankreich bot, da es, nothgedrungen, einige Veränderungen in Ansehung der Feudal- und bischöflichen Rechte weniger Reichsglieder machen mußte.

Ganz Europa war durch die Beschlüsse der Nationalversammlung bereits überzeugt, daß Frankreich keine Eroberungen machen, sondern blos seine Selbstständigkeit schützen wolle. Inzwischen existirt

ſtirte ſchon im Jahr 1791 ein geheimer Vertrag, Frankreich zu theilen.

Im Jahr 1792 erſchienen Manifeſte des Herzogs von Braunſchweig, worinn alle Franken als Aufrührer und Böſewichter behandelt, und von fremden Mächten ſich das Recht angemaßt wird, Frankreichs innere Regierungsform zu beſtimmen.

Im Jahr 1792 erklärt ſich Frankreich zu einer Republik. Der Herzog von Braunſchweig erklärt dagegen: die verbündeten Mächte würden nicht eher die Waffen niederlegen, bis der König in alle ſeine Rechte wieder eingeſetzt ſey.

Im Jahr 1793 wird der Geſandte Basville zu Rom durch heimtückiſche Anhetzung des Pöbels ermordet, und ſein Leichnam beſchimpft.

Im Jahr 1793 verbindet ſich England mit Rußland, und den Verräthern der Vendee gegen Frankreich.

Im Jahr 1793 nehmen die koaliſirten Mächte franzöſiſche Commiſſarien gefangen, welche ihnen von dem Verräther Dumouriez überliefert werden. Oeſterreich verbindet ſich anfangs mit Dumouriez, hebt

hebt aber diese Verbindung schnell wieder auf, weil Dumouriez in keine Theilung seines Vaterlandes willigen mag.

Im Jahr 1793 verschwört sich das Ausland mit Robespierren und dem Berge, um zwey und zwanzig Republikanerköpfe fallen zu machen.

Im Jahr 1793 wird Valenciennes von den Oesterreichern erobert, und im Namen des Kaisers in Besitz genommen.

Im Jahr 1794 verhafteten die Oesterreicher einen französischen Gesandten, Semonville, auf neutralem Boden.

Im Jahr 1794 beschlossen die koalisirten Mächte, Frankreich auszuhungern, und durch Elend und Jammer zu ihren Absichten zu zwingen. Alle Regeln des Völkerrechts, alle Regeln des Anstands, und der gemeinsten Rechtlichkeit wurden vergessen und aus den Augen gesetzt, so bald von Frankreich die Rede war. Das Ausland trat mit Verräthern und Wucherern, mit Hunger und Bürgerkrieg in einen Bund, um Frankreich wenigstens zu verderben, wenn es auch nicht unterjocht werden könnte.

Diese

Diese Thatsachen sind der ganzen Welt bekannt, diese Handlungsart gegen unser Vaterland dauerte noch fort, als Rabespierre schon gestürzt, und eine gerechte und friedliebende Regierung an die Stelle der Blutmenschen getreten war, welche die Palme des Friedens darbot.

Und jetzt, im Jahr 1795, da unsere Waffen überall siegreich sind, da überall die Feinde, mit Schmach bedeckt, fliehen, wagen die nämlichen Menschen, welche durch ihre Handlungen nur zu deutlich zu erkennen geben, daß sie den auswärtigen Krieg nur deshalb endigen wollen, um den Bürgerkrieg und das Blutvergießen in Frankreich desto kräftiger anhetzen zu können — wagen diese Menschen, die Republik daran zu erinnern, daß es der erste Grundsatz der Politik sey, jedem Staate seine Selbständigkeit zu lassen. Aber von Polens Selbstständigkeit war keine Rede, und Frankreich würde gleiches Schicksal gehabt haben, wenn die Republikaner nicht ihre Feinde geschlagen hätten.

Frankreich braucht Ersatz für seine verlornen Geldsummen — das vergossene Blut, die Thränen,

nen, das Elend der Bürger der Republik, vermag das Ausland ohnehin nicht zu bezahlen. Frankreich wird seine Eroberungen behalten. Frankreich braucht Sicherheit für auswärtige Angriffe. Das Reich muß für seine Bereitwilligkeit büßen, sich von den Machthabern mißbrauchen zu lassen. Frankreich wird den Rhein zur Gränze machen. Frankreich wird die unglücklichen Einwohner der teutschen Länder nicht zurückstoßen unter die Gewalt ihrer Tyrannen. Frankreich wird keinen schimpflichen Frieden schließen. Und schimflich wäre jetzt jeder Friede, der nicht von der Republik vorgeschrieben wird, so wie es ihr Vortheil, und eine unabänderliche Gerechtigkeit erheischt. Der Rhein sey Frankreichs Gränze, und erst dann gebe die Republik dem Reiche den Frieden!

X. Das Todtengericht.

Noch hatte die Hölle so große Bösewichter, nie der Himmel so erhabne Helden aufgenommen, als in der Epoche der fränkischen Revolution. Uebertroffen sahen sich die geliebtesten Söhne des Satans, die Herrn der Hölle, ein David, Nero, Lud-

Ludwig XI. von Despoten, aus des Pöbels Hefe emporgekrochen auf die Trümmer des gestürzten Throns der Bourbonen, und das Volk unter dem heiligen Namen der Freyheit unterjochend. Laut erbebte der Schlund der ewigen Quaal vom Jauchzen der Teufel, als Vergniaud, Brissot, Valazé, Camille Desmoulins das Schaffot des Sidney bestiegen, und ihre Schatten mit Glorien umgeben zum Himmel aufschwebten. Alexander VI. und Ludwig XI. empfiengen den Dank aus Satans Händen dafür, daß Königthum und Priesterregiment die Menschheit so weit herabgewürdigt hatten. Die Versammlung der Gesetzgeber in Frankreich, vor welcher die Hölle bebte, lag erniedrigt, zertreten von der blutigen Sohle einiger Missethäter. Triumphirend herrschten Robespierre und Carrier, und die Auswürflinge, welche das Ausland ausgespien hatte, ein freyes Volk zu unterjochen, hatten schon die Bildsäule der Freyheit zertrümmert, und an ihre Stelle die Frechheit gesetzt.

"Europa ist mein!" So jauchzte laut Satan. "Das Geschlecht der Erdensöhne ist unfähig, sich dort je wieder zu erheben. Umsonst zeigten meine

meine Feinde, die Weisen, den Bastarden der Sonne das Licht. Die Augen der Sterblichen waren geschwächt, sie schlossen sich. Umsonst wagten sie den kühnen Flug zum Himmel mit gelähmten Flügeln. Sie fallen, die Phaetons dieser Zeit. Das Jahrhundert, welches die Thoren der Oberwelt das Aufgeklärte nannten, war das reichhaltigste für die Hölle. Dieser Tag rächt mich an dem Ewigen. Es ist der Tag des Triumphs der Hölle über die Menschheit."

"Fast habe ich über diese Revolution die andern Welttheile vergessen. Viele Herrscher ferner Staaten sind indeß in meinem Reiche angekommen. Führt sie vor, diese Coriphäen ihrer Zeit, daß ich mich ergötze an ihrem Elend."

Ein Donner rollte durch die unermeßlichen Gewölbe. Satans Diener fuhren hinab in den Abgrund, und kamen, schnell, wie Blitze mit einer Reihe Schatten zurück. "Es waren Herrscher der Menschen, rief höhnend Beelzebub. Von ihnen könnt ihr auf das Geschlecht schließen, welches sie beherrschten. Hört ihre Thaten."

"Jene

"Jene beyden Schatten, fuhr Beelzebub fort, sind der König von Dänischmende und die Königin von Senegal. Weite Reiche waren ihnen anvertraut. Mild war ihrer Länder Himmelsstrich, der Boden reich an köstlichen Früchten. Die Früchte verfaulten am Stamme, und die Einwohner hungerten. Zwey Welttheile waren diesen Reichen zinsbar, und dennoch waren ihre Bewohner arm. Fremde Schiffe befuhren ihre Meere, fremde Kaufleute handelten mit den Erzeugnissen des Bodens, im ganzen Lande gab es nur Priester und Bettler."

Und ihr Elende? fragte Satan die beyden Schatten.

Die Schatten. Wir beteten indeß.

Gelächter der Hölle tönte. Ein anderer Schatten trat hervor.

"Dieser Schatten, erzählte Beelzebub, war die Kaiserin von Marocko. Ihr Gemal war einer der ersten Schwachköpfe, die je einen Thron bestiegen hatten. Seine Vorfahren, jetzt alle Bewohner unsers Reiches, hatten ein großes Land, durch Verschwendung, Nichtswürdigkeit und heillose Eroberungssucht an den Rand des Verderbens gebracht. Der letzte Kaiser von Marocko war zu schwach, um viel Böses, aber eben so schwach auch, um etwas Gutes zu thun. Die Kaiserin betrat die Bahn ihrer Vorgänger. Grausamer, als Catharina, die Medizäerin, wollüstiger, als Messaline, verbreitete sie Unglück und Verwüstung um sich her, ihr wollüstiger Hof war der Pandora Büchse, aus welcher aller Jammer kam, der Marocko betraf. Endlich konnte das belastete Volk nicht mehr tragen; was du in Frankreich gesehen hast, erzeugte sich auch hier. Die Stimme des Aufruhrs erschallte, das zertretene Volk empörte sich gegen seine Kaiser, Priester und Henker, wurde das Spiel einer Reihe Verschworner und Bösewichter, deren einer den andern an Scheußlichkeit übertraf, das ganze Land verwandelte sich in einen ungeheuren Kirchhof, und das Haupt der Kaiserin und des Kaysers fiel unter Henkershänden.

Das war dein Arm, Vergeltung, sprach Satan. Aber hohnlächle nicht zu früh, Rächer im Himmel, denn das Unheil, was die Kaiserin

gestif-

gestiftet haben würde, wenn sie länger gelebt hätte, wird aufgewogen werden durch den Jammer, der sicher auf ihren Tod folgt.

"So ist es, erwiederte Beelzebub, die Vergeltung gieng verlohren für das Zeitalter. Die Könige traten in einen Bund zur Vertilgung der Menschheit mit den Henkern, der Vorsicht Werkzeugen. Neue und schrecklichere Greuel stürzten über das unglückliche Land; diese Messaline schien eine Märtyrerin. Priester machten sie zur Heiligen, die Menschen, welche sie bey Lebzeiten vergötterten, kanonisirten sie nach ihrem Tode. Die Verbrecher des Königthums, die Entartung der Menschheit unter den kronentragenden Bösewichtern und Schwächlingen fiel schrecklich auf die Weisen, welche es gewagt hatten, das Joch abzuwerfen, und alle Erfahrung der blutigen Empörung wird verlohren seyn für das unglückliche Volk."

Satan jauchzte laut auf. "Nein, sprach er, die Hölle darf noch nichts fürchten, so lange es Könige und Priester giebt."

Ein neuer Schatten trat auf, und Beelzebub begann:

"Dieser

"Dieser Schatten hier war der König von Gambia, ein Herrscher über mehrere Reiche, der aber für seine Person an allem Glück oder Unglück, welches die Menschheit betraf, unschuldig ist. Das Einzige, wodurch sich sein Leben auszeichnete, ist, daß er auf einige Wochen lang verrückter als gewöhnlich war. Kaum aber konnten die Aerzte diesen ungewöhnlichen Zustand von seinem gewöhnlichen unterscheiden. Weiter weiß ich nichts zu sagen, als daß die Menschen ihn gut nannten, weil man nicht sagen kann, daß er irgend jemand je lebendig schinden ließ."

Fort, sprach Satan, mit diesem elenden Geschöpfe. Mich eckelt, ferner etwas von ihm zu hören.

Beelzebub. Dann wirst du sicherlich noch weniger von allen diesen Schatten hören wollen, die ich hier zusammengestellt habe. Dieser Dalailama hier, galt in einem Welttheil für den Statthalter der Gottheit, und die Menschen behaupteten, daß er untrüglich sey. Er und ein Dutzend eben so ausgearteter Priester, als der Dalailama selbst, schrieben den Menschen vor, was sie glauben sollten, und verdammten jeden, der anders dachte.

Satan.

Satan. Ich begreife. Er stellt also eben das vor, was mein Freund Alexander VI. einst in Europa war. Allein leider! ist die Macht seiner Nachfolger dort sehr verringert. Sollte bey den Dalailamas nicht der nemliche Fall eingetreten seyn?

Beelzebub. Er war eingetreten, aber seit der obengedachten Empörung in Marokko hat sich alles sehr verändert. Die Könige, welche von den Priestern selbst in Sklavenfesseln gehalten wurden, hatten den Völkern seit einigen Jahrhunderten erlaubt, etwas klüger zu werden, ohne aber deswegen auch selbst klüger, oder Väter ihrer Völker werden zu wollen. Nach einer großen Begebenheit überzeugten sich die Regenten, daß nur ein dummes Volk sich despotisch beherrschen lasse, vereinigten sich wieder völlig mit dem Dalailama, und Priester und Regenten haben den alten Bund zwischen sich erneuert.

Satan. Heil der Hölle! Fahre fort.

Beelzebub. Dieser Dalailama war ehemals der Ganymed eines vornehmen Priesters, bestahl hierauf den Schatz des Staates, und wurde endlich, zum Lohn dafür, oberster Priester.

Satan

Satan. Bravo! Die Priester verstehn sich doch darauf, wissen doch, was bey ihnen Verdienst ist.

Beelzebub. Was du von den Königen und Fürsten zu erwarten hast, welche in der Nachbarschaft dieses Dalailamas wohnen, großer Satan! darf ich dir wohl nicht erst sagen. Einige theilen ihre Zeit zwischen der Anbetung der Exkremente dieses Priesters, welche sie von dem Gelde ihrer Unterthanen mit großen Kosten aufkaufen, und zwischen der Jagd, andere wallen in Prozessionen als Pilgrime durch das Land, andere vereinigen die niedrigsten Wollüste mit der schändlichsten Heucheley. In allen diesen Staaten sind die Völker unter das Thier herabgesunken, und empört sich ja irgend einmal ein guter Kopf gegen diese Albernheiten; so sind Inquisitionen, Henker und Banditen bereit, ihn zu schlachten. Die Bonzen stellen einen Knochen, oder irgend ein Possenspiel dieser Art zur öffentlichen Verehrung aus, und alles fällt nieder und betet an.

Satan. Ich kenne das. Schweig von diesem elenden Lande, und führ andere Fürsten vor.

Beelzebub. Ach! leider, werden dir diese hier noch mehr Langeweile machen. Hier der große Mogul hat so wenig in seinem Leben gethan, daß selbst die Dichter und Kupferstecher seines Volkes, die ihm schmeicheln wollten, nichts von ihm anzuführen wußten, als daß er einmal im Angesicht seiner ganzen Armee eine Ananas aß, und dann wieder nach seiner Residenz zurückreiste. Ein erbärmlicheres, jämmerlicheres Geschöpf läßt sich gar nicht denken, als dieser Mogul. In ewiger Angst, seiner Schwachheit sich bewußt, läßt er seine Priester und Minister herrschen, hinrichten und ins Gefängniß setzen, wen sie wollen, und sein ganzes Leben besteht in einer fortgesetzten Unterhaltung mit Spionen, welche ihm ihre Feinde als Rebellen gegen den Staat bezeichnen.

Satan. Pfuy! fast lohnt es der Mühe nicht mehr, ein Geschlecht zu verderben, das solche Schwächlinge über sich herschen läßt.

Beelzebub. Vielleicht macht dieser Negu von Abyssinien dir einiges Vergnügen. Du siehst, daß er ziemlich korpulent und träge aussieht. Genie wirst du also wohl bey ihm nicht erwarten;

Sein

Sein Leben theilte sich in wollüstige Vergnügungen und in Sorgfalt für die Erhaltung der Abyssinischen Religionsfabeln. Wenn er von einer Favoritsultane kam; so gab er neue Edikte, worinn er den Unterthanen bey Todesstrafe verbot, um einen Gran klüger zu seyn, als ihre Vorfahren.

Die Hölle lachte.

Beelzebub. Inzwischen hat der dicke Herr in seinem Leben nicht wenig Böses gethan. Treuloser als er, war wohl kaum noch ein Regent. Sein ganzes Leben besteht in einer Kette von Wortbrüchigkeiten, Verrähtereyen und Räubereyen. Du weißt, daß den Großen ihr gegebenes Wort nie heilig war. Aber dieser hat die Treulosigkeit auf einen so hohen Grad getrieben, daß selbst Könige und Priester darüber erstaunten. Man sagte laut von ihm, daß es besser sey, ihn zum Feinde, als zum Freunde zu haben, wiewohl man eigentlich richtiger hätte sagen müssen, daß er Freunde und Feinde zugleich betrog. Endlich, nachdem er genug geraubt und betrogen hatte, starb er, wie einige sagen, aus Aergerniß über einen Irrgläubigen, der von einem Heiligen übel gesprochen hatte, und wie andere behaupten, aus wollüstiger Erschöpfung und einer Anhäufung von Fett.

Satan. Ein allerliebster Braten für meine kleinen Teufelchen. Führt ihn doch zu den andern frommen Königen, die wir schon hier haben.

Beelzebub. Hier ist ein Original, das du vielleicht im Finanzfach recht gut brauchen kannst. Dieser Fürst hier war in seinem Leben weiter nichts, als ein Kaufmann.

Satan. Und opferte vielleicht ein paar Tausende seiner Unterthanen im Seekrieg auf, um seiner Nation ein paar Colonien mehr zu verschaffen.

Beelzebub. Bewahre! er machte es klüger und auf einem kürzern Wege, und verkaufte seine Unterthanen selbst en gros und en detail. Du wirst nachher, großer Satan, auch seinen Hauptabnehmer kennen lernen. Dieser Fürst von Senegal wußte alles zu benutzen, bis auf die Missethäter, die er dem Ausland gleichfalls verhandelte. In seinem Zimmer hieng eine Preißkouranttabelle, und sobald er nun ein Sortiment Menschen verkauft hatte, berechnete er, gleich einem Buchhalter,

ter, selbst das Soll und Haben. Auſſer der Hauptbezahlung zog er auch noch fünf Sechstheil des Soldes, den ſeine verhandelten Unterthanen von ihren Käufern erhielten.

Satan. Und was machte er mit dem Gelde, das er dafür erhielt?

Beelzebub. Er ſuchte dadurch einen Titel zu erhalten. Die Fürſten jener Länder theilen ſich in Nabobs mit dem einfachen Szepter, und in Nabobs mit dem doppelten. Bisher hatte er zu den einfachen gehört, und wollte nun ein doppelter werden. Vom Ueberreſt legte er antike Gebäude und Luſthäuſer an, welche, die Wahrheit zu ſagen, in einem ſehr guten Geſchmack gebaut waren.

Satan. Duldeten denn ſeine Unterthanen dieſe Behandlung ſo gutwillig?

Beelzebub. Warum nicht! Sie ſtaunten die ſchönen Gebäude an, wenn ſie genug geweint hatten, und waren ſtolz darauf, daß ihr Blut in jedem Welttheile verſpritz worden ſey. Dieſe Bereitwilligkeit, ſich todtſchlagen zu laſſen, nannte man in Abyſſinien Patriotismus, und die Omanhs,

d. h.

d. h. die feilen Schriftsteller dieses Landes, stellten diesen Patriotism andern Völkern als Muster zur Nachahmung auf.

Satan. Eine schöne Gallerie von Volks-herrschern! das muß wahr seyn. Nein! da lob ich mir doch die alten Zeiten, wo man wenigstens Tyrannen von Kraft antraf.

Beelzebub. Diese hab ich zuletzt aufgespart. Hier bring ich dir einen Mann und ein Weib, wie die Hölle seit Jahrhunderten nicht sah.

Satan. Daß du doch das Prahlen nicht lassen kannst!

Beelzebub. Prahlen? Jene armselige Menschen, auf welche ihr hier stolz seyd, opferten etwa ein paarmal hunderttausend Menschen einem thörigten Religionseifer auf, oder schossen mit eigener Hand auf ihre Unterthanen, oder übten sich im Kopfabschlagen an einigen Sklaven. Es war dumme Andacht, dumme Wollust oder blinde angeborne Wuth, was sie berühmt machte. Die, welche ich dir bringe, waren weise, aufgeklärt, klug, und mordeten mit raffinirter Grausamkeit

ganze

ganze Völker, vergifteten ganze Generationen, indem sie von der Menschheit als wachsame Vormünder verehrt wurden.

Satan. Du machst mich neugierig.

Beelzebub. Laß die Teufel diesen Mann hier ansehen. Es ist kein gemeiner Bösewicht. Er stand an der Spitze einer Nation, welche sich für die freyeste, aufgeklärteste, und großmüthigste in ganz Afrika hält. Auch hatte dieß Volk wirklich eine Verfassung, die wenigstens für vorzüglich angesehen werden konnte.

Aurengzeb war erster Minister dieser Nation. Der Staat war mit ungeheuern Schulden beladen, und Aurengzeb debutirte mit dem prahlerischen Versprechen, diese Schulden zu bezahlen, wofern kein neuer Krieg entstehen würde. Du siehst, daß er nun nothwendig darauf denken mußte, die Nation in einen neuen Krieg zu verwickeln. Bald gelang ihm dieß auch, aber wie es ihm gelang, das erhebt ihn über andre große Bösewichter der Vorwelt.

Jene Volksaufwieglung in Marocko, von der ich oben erzählte, war von ihm gleich anfäng-

lich

lich unterstützt worden, um den Seehandel von Marocko zu Grunde zu richten. Er soll sogar den Plan gehabt haben, einen Prinzen seines Volks auf den marockanischen Thron zu setzen. Um dieses zu bewerkstelligen, steckte er sich hinter einen grossen Bösewicht, Bruder des Kaisers von Marocko. Dieser Nichtswürdige hatte mit dem Stamme seines Bruders lange in einer verjährten Ahnenfeindschaft gelebt, und glaubte nun die erwünschteste Gelegenheit zu finden, die Hand nach seines Bruders Krone ausstrecken zu können. Er selbst sprach das Todesurtheil über den unglücklichen Kaiser.

Allein der unnatürliche Verbrecher erndtete den Lohn seiner Schandthat nicht. Die Genossen seiner Verbrechen, welche er zum Werkzeug hatte brauchen wollen, hatten nur mit ihm gespielt, und zerbrachen ihn, als sie durch ihn ihre Absichten erreicht hatten. Inzwischen hatte Aurengzeb wenigstens zum Theil gewirkt, was er hatte wirken wollen. Bösewichter waren an die Stelle der freyheitsliebenden Männer getreten, welche den Thron von Marocko gestürzt hatten.

Von

Von nun an gieng Aurengzebs Plan blos dahin, die Menschheit unter das Joch der Priester und des Aberglaubens, der Könige und der Henker zurückzubeugen, und Marocko vollends zu zerfleischen. Zu diesem Ende nahm er tausendfache Masken an, eine immer scheußlicher, als die andre. Indem er sich mit den Bösewichtern verband, welche ihr Vaterland verlassen hatten, um durch Hülfe auswärtiger Mächte mit Gewalt wieder einzudringen, und den Thron mit seinen Greueln wieder zu errichten, war er auch zugleich der treuste Bundsgenosse aller Räuber und Mörder im Innern. Mit ungeheuern Summen suchte er diese ans Ruder zu bringen, und ihnen alle öffentliche Stellen zu verschaffen. Er faßte den Entschluß, der noch in keines Menschen Kopf je gekommen war, ein ganzes Volk auszuhungern, und seine größte Wonne war es, wenn er in den öffentlichen Blättern las, daß in dem unglücklichen Lande eine Mutter ihr Kind aus Verzweiflung ermordet habe.

Selbst die Hölle schauderte bey dieser Erzählung.

Alle Wucherer, fuhr Beelzebub fort, alle Kornjuden waren seine Freunde, deren Operationen

nen er mit ganzer Macht unterſtützte. Er fachte den Bürgerkrieg in dem unglücklichen Marocko an, und unterſtützte die Rebellen gegen die Freyheit mit falſchen Münzen, um den Credit der National⸗ münze herabzuwürdigen, und ſo das allgemeine Elend zu vermehren. Er bewaffnete den Fanatism, indem er zugleich die Gottesläugner unterſtützte, und während einige ſeiner Söldlinge im Namen des Gottes der Liebe den Krieg zwiſchen Bürgern und Bürgern anfachten, mußten andere die Tem⸗ pel der Landesreligion umſtürzen, und der Moral den Krieg ankündigen. Er ließ durch ſeine Räu⸗ ber die Eigenthümer in Marocko ausplündern, um von andern über den Mangel an Sicherheit im Lan⸗ de klagen laſſen zu können. Prieſter waren ſeine Werkzeuge, Inquiſitionen ſeine Stütze, Mord⸗ brenner ſeine Genoſſen, Verräther ſeine Freunde, Gottesläugner ſeine Glaubensbrüder. Millionen Menſchen waren durch ſeine Machinationen gemor⸗ det, hingerichtet, verbrannt, erſäuft, verhun⸗ gert, er verwirrte die Begriffe des Menſchenge⸗ ſchlechts auf Jahrhunderte, indeß er ſein eignes Land, bisher der Sitz der Freyheit, zu gleichen Szenen vorbereitete, und jeden, der gegen dieſe uners unerhörte Missethaten sprach, als Aufrührer und Hochverräther hinrichten ließ. O, vermöchte ich doch, weiter zu sprechen; vermöchte ich doch, ihn dir ganz zu schildern! Aber selbst die Sprache der Hölle ist zu arm, um seine Gräuel alle auszudrücken. Und sieh! um dir alles mit einem Worte zu sagen, großer Satan, so weit hatte er das Menschengeschlecht herabgewürdigt, daß sich keiner fand, der den Muth gehabt hätte, den rächenden Dolch in sein verruchtes Herz zu stoßen.

Die Teufel saßen stumm, von Entsetzen betäubt. Gräßlich lachte Satan gegen den Himmel. "Ich bin noch nicht überwunden, Ewiger!" rief er, und im Reich des Abgrundes tönte Hohngelächter.

Mit Recht, sprach Beelzebub, bist du stolz auf diesen deinen Sohn. Aber, großer Satan! er war ein Mann, und hier die Königin der Amazonen war ein Weib. Sie war Aurengzebs-Bundgenossin, und wenn seine schwarzen Frevel noch übertroffen werden können; so hat sie dies Weib zu übertreffen gewußt. Was er that, that auch sie. Sie verbrannte ihr eignes Kind, weil sie vermuthete, daß es sich gegen sie empören möchte;

J ließ

ließ Tausende von Unschuldigen von den Dienern ihrer Lüste würgen, um ihr Namensfest zu verherrlichen, verbreitete Sklaverey, Mord unn Tod vom Aufgang der Sonne bis zu ihrem Niedergang, und ― ― ―

Lauter tönte ein Donner durch die Hölle. Geheul und Jauchzen erscholl im gräßlichsten Gemisch. Die verdammten Seelen vergaßen auf einen Augenblick ihre Quaalen; die Teufel hörten auf, sie zu martern; die Ewigkeit stand still. Mindere Verbrecher waren befreyt, und verließen den Ort des unendlichen Jammers. Zum erstenmale empfanden die Teufel die Wonne, größre Teufel zu sehn, als sie selbst waren; denn dieses Jauchzen, diese Donner verkündeten Robespierrens Ankunft.

Satan stieg herab von seinem Throne. "Nehmt, sprach er zu Robespierren, zu Asiens Herrschern, Aurengzeb, und zur Amazonenkönigin, nehmt ihr meinen Sitz ein; beherrscht ihr diese weiten Reiche; ihr habt die Hölle selbst übertroffen; ich huldige euch, und erkenn euch für meine Meister. Ihr, meine ersten Diener! du schlangen-

artig;

artige Politik, du, Herrschsucht, und ihr, Aberglaube und Priesterreligion, gehorcht diesen neuen Häuptern der Hölle, wie ihr bisher mir gehorchtet. Beschämt geh ich von hier, gehe, um die Gestalt eines eidscheuen Priesters anzunehmen, und mich so in Frankreich einzuschleichen. Vielleicht gelingt es mir unter dieser Verkappung, wenigstens euren Beyfall zu erhalten, wenn ich gleich daran verzweifeln muß, euch jemals erreichen zu können, ihr vom Weibe Gebohrne, die ihr selbst mich schaamroth machtet."

Satan gieng, und die neuesten Nachrichten aus der Vendee werden uns seine Verrichtungen auf der Oberwelt melden.

XI. Einige Fragen, Deutschlands künftiges Schicksal betreffend.

Da Frankreich und Preußen die Demarkationslinie unter sich, vermöge eines besondern Vertrags festgesetzt haben; so fragt sich: ob dieser Verttag nicht geheime Beschränkungen habe, und von beyden Theilen vielleicht plötzlich wieder aufgehoben werden möchte?

Da diese Demarkationslinie, die einzige Schutzwehr für die meisten Stände Deutschlands ist; so fragt es sich, ob Preußen ihnen diesen Schutz so ganz umsonst angedeihen lassen werde?

Da Hessencassel, Hessendarmstadt, und mehrere Reichsstände Separatfrieden geschlossen haben; so fragt es sich: Wird dieser Friede nicht als eine Verletzung der Reichsverfassung angesehen werden?

Da die Deliberationen des Reichstags mit schneckenähnlicher Langsamkeit vor sich gehen; wird, im Fall die Demarkationslinie aufgehoben werden sollte, die fränkische Armee nicht halb Deutschland erobert haben, ehe man in Regensburg einig ist, wo der Friedenscongreß gehalten werden solle?

Wird Frankreich je zugeben, daß das Reich auf dem unter gegenwärtigen Umständen so lächerlichen Grundsatz der Reichsintegrität bestehe?

Wird Frankreich die Leichtigkeit vergessen, mit welcher das Reich sich in diesen verderblichen Krieg verwickeln ließ?

Wird also, wenn der von Rußland längst vorgeschlagne Theilungsplan Deutschlands, in Süd-
und

und Norddeutschland, endlich zur Ausführung gebracht werden sollte, das Reich eine Stütze haben, welche sich seiner annehmen möchte?

Wird diese Theilung nicht näher seyn, als man glaubt?

Die Antwort auf alle diese Fragen möchte wahrscheinlich noch vor Ablauf dieses Jahrhunderts gegeben werden können.

XII. Probe aus einer Schrift: Les Ruines, par Adrien Lezay *).

Diese Schrift, welche zu Paris sehr viel Aufsehen erregte, hat einen gewissen Adrien Lezay zum Verfasser, welchen die Pariser Journalisten bereits als Mitglied des künftigen Nationalconvents bezeichnen.

Dieser Lezay scheint Republikaner zu seyn, ist aber im Grunde nichts, als ein versteckter Royalist, und zwar einer der gefährlichsten und gleissendsten.

---

*) Wovon nächstens eine deutsche Uebersetzung unter dem Titel: Die Ruinen, oder Reise durch Frankreich, zur Zeit Robespierres, erscheinen wird.

sten. Mit einer nicht geringen Beredtsamkeit und einem treffenden Witze ausgerüstet, erfüllt er die Absichten Pitts und Provences besser, als der jämmerliche Richer Serisy und andere Journalisten dieses Gelichters.

Lezay wirft seine Ideen hin, ohne sie völlig auszuführen, und ist gewiß, daß sie, gleich einem verlarvten Gifte, wirken werden. Er geht darauf aus, dem Volke die Gräuel der Schreckensregierung in ihrer ganzen Scheußlichkeit auszumahlen, den Convent und die Organisation der Regierung Frankreichs, als die Ursache dieser Gräuel, und als völlig unfähig, sie künftig zu verhindern, darzustellen, den persönlichen Charakter der jetzigen Volksvertreter herabzuwürdigen, den Emigranten das Wort zu reden, und unter den scheinbarsten republikanischen Formen Artois und das Königthum zurückzurufen.

Inzwischen ist diese Schrift ein Beweis, wie unbeschränkt jetzt die Preßfreyheit zu Paris ist; sie ist mit Anmuth und Würde geschrieben; sie verräth gute politische Ideen, ob diese gleich in einer sehr verrätherischen Absicht vorgetragen werden;
sie

sie enthält wahrhaft erhabne Schilderungen, und verdient gewiß eher eine Uebersetzung, als der schwarzgalligte Montgaillard, oder der thörigte Mallet du Pan. Eine Probe mag die Leser überzeugen.

Der Reisende, den Lezay aufführt, kommt aus Griechenland, "jenem ehrwürdigen Vaterlande der Götter, Weisen und Helden, jetzt dem Aufenthalte einiger Halbwilden, welche in traulicher Eintracht mit Eulen unter den Ruinen wohnen. Mit Enthusiasmus hatte er die Erde betreten, worauf einst Sokrates wandelte — hatte sich auf die Stelle gelagert, wo einst der Heldenmuth von zweyhundert Spartanern Asiens ganze Macht aufhielt, und fand von alle dem jetzt nichts mehr, als bemooste Mauersteine, zertrümmerte Säulen, und von Barbaren verstümmelte Statuen mit hohem Grase überwachsen."

Er hört von der fränkischen Revolution, hört: "ein Volk von Weisen geleitet, habe dort Platos Träume zur Wirklichkeit gebracht; dort hofft er Lykurgs, Solons und Seleuks Einrichtungen vollkommner wieder zu finden;" kurz, hofft alles,

was

was der gutmüthigste Schwärmer beym Anfange der fränkischen Revolution je gehofft haben mag. Er eilt nach Marseille. Die Scene der Ankunft mag Lezay selbst erzählen:

"Je näher ich dem Ufer kam, desto mehr verwandelte sich meine Ungedult in eine Art stiller Ehrfurcht. Ich empfand jenes heilige Gefühl frommer Seelen, welche sich der Gottheit Tempel nahen. Ich, ein Zögling der Natur, ein roher Sklave eines Despoten, ich sollte jetzt unter das aufgeklärteste, freyeste Volk der Erde treten. Thränen der Schaam benetzten bey diesem Gedanken mein Auge. Als ich das Schiff verließ, konnte ich die lauten Ausbrüche meines Entzückens nicht zurückhalten. O sey gegrüßt, sey gegrüßt, Boden der Freyheit! rief ich, und warf mich auf die Knie; eben wollte ich die Erde küssen, als ein Soldat sich näherte und nach meinem Passe fragte. Ich verstand ihn nicht. Ein Paß? sagte ich. Ich weis nicht, was das ist. Sey doch so gut, und erkläre mir —— Wie du hast keinen Paß, erwiederte er, indem er mich sehr unhöflich mit sich fortriß. Heda, Corporal! Wache heraus! Hier ist ein Verdächtiger; er hat keinen Paß!

Der

Der Corporal kam. "Wie, keinen Paß? Geschwind zwey Soldaten her! Sicher ein zurückgekommener Ausgewanderter. Den Augenblick zum Wachsamkeitsausschuß! Und nun schleppte man mich in Begleitung einer Art Janitscharen unter dem lauten Geheul einer unzähligen Volksmenge fort."

Der Reisende kommt in den Ausschuß, ein Schuster hat den Vorsitz. Der Reisende sagt der Wahrheit gemäß, daß er ein Türke sey, der Frankreich kennen lernen wolle.

"Mühsam, erzählt er, endigte ich meine Rede, beym Worte: Türke, runzelte man die Stirne, beym Namen des Großherrn erstickte ein gräßliches Geheul meine Worte. Ein Agent des Großsultans, rief hier einer, und dort der andre: Ein Agent des Prinzen Condé! Marsch! nach dem Sicherheitsausschusse! rief der Eine, ans Nationalfenster, brüllte der andere. Alle schrieen durcheinander: Er muß sterben. Der Lärm war aufs höchste gestiegen: man wollte zum Protokoll schreiten, es war spät, und zum größten Unglück der Sekretair abwesend. Von allen andern konnte

Niemand schreiben. — Endlich legte sich der
Lärm in etwas, und einer der Senatoren, ein
Mann von Kopf, gab endlich den Bescheid: die
Türken seyen Freunde der Franken: der Großsultan sey keineswegs der Verräther Condé, sondern
blos der Sultan von Constantinopel, ein mächtiger Mann, übrigens etwas empfindlich, und vielleicht sehr geneigt, jeden in seinen Staaten reisenden Sanskülotten lebendig spießen zu lassen, wenn
man sich beykommen lassen sollte, ein einziges Haar
aus dem Knebelbart eines Muselmanns zu raufen."

Nun lacht der Areopag und die Zuschauer,
der Reisende wird freygelassen, geräth aber bald
wieder in ähnliche Verlegenheiten, und wird blos
auf dem Wege von Marseille nach Orange acht und
funfzigmal durchsucht.

Bald aber stellen sich ihm weit schrecklichere
Gegenstände dar. Alle die empörendsten Anekdoten aus der Zeit des Schreckensystems sind hier
mit rührender Einfachheit aneinander gereiht. Der
Raum verstattet mir nicht, mehr auszuziehen, als
die Schilderung des Eintritts in Lyon.

„Ich

„Ich kam an, und fand Lyon in der Asche. Kerker, Gräber und Ruinen war alles, was mein Auge erblickte. Eben war die Stadt bombardirt worden. Statt jener tausend Fabriken, statt jener schöpferischen Thätigkeit, erblickte ich nichts als Leute, die theils mit Niederreißen beschäftigt waren, theils unter den Trümmern wühlten, um Salpeter zu sammeln. Oede waren die Straßen, überall Stille des Todes, die nur dann und wann durch das Prasseln der stürzenden Gebäude unterbrochen wurde. Mitten auf einem Markte ragte eine Säule hervor, mit der Innschrift: Lyon ist nicht mehr! Weiter hin verkündeten Trümmer von Pallästen, was diese einst gewesen waren! Plötzlich traf mein Ohr ein schrecklicher Knall, ich eilte nach der Gegend hin. Wimmernde Klagen tönten mir entgegen, und als ich ankam, zerschmetterte ein zweyter Schuß fünfhundert Unglückliche. Sie lebten noch mit zerstümmelten abgeschossenen Gliedmaßen; doppelt schmeckten sie den Tod. Man ließ ihre noch zuckenden Rümpfe durch Reuterey zertreten. — Ich wollte fliehen, aber ich vermochte es nicht. Mein Blut war zu Eis geworden. Langsam schleppt'

schleppt' ich mich am Ufer der Rhone hin, vor mir eilte ein Weib mit einem Kinde in den Armen. Plötzlich stand sie still, sah das Kind an, küßte es voll mütterlicher Zärtlichkeit, hob es gen Himmel, drückte es ans Herz, und stürzte sich in die Fluth."

Zu welchem Zwecke Lezay diese Schilderungen benutzt, mögen die Leser aus dem Werke selbst sehen.

Anzeige.

Abentheuerliche Wanderungen durch die preusischen Staaten mit vorzüglichster Hinsicht auf die neuesten politischen und religiösen Vorfälle, 2 Thle *). Eigentlich die Fortsetzung des Buchs: die Peripatetiker des achtzehenten Jahrhunderts, oder Wanderungen zweyer Aufflärer. Die erste Idee zu diesem Buche hat der seelige Doktor Bahrdt entworfen. Bey Ausführung des ersten Theils vermißt man die Delikatesse, mit welcher dieser Gegenstand behandelt zu werden verdient hätte. Der zweyte und dritte Theil rühren von einem andern Verf. her, und gewiß verdienen
diese

*) Altona 1796 (1 Thl. 12 gt.)

dieſe beyden Theile die Aufmerkſamkeit des Publikums ſchon aus dem Grunde, weil ſie einen raiſonnirenden Catalog ſolcher Verordnungen in geiſtlichen Sachen enthalten, welche unſere Nachkommen für erdichtet halten möchten. Gewiß läßt ſich aus dem dritten Theile Stoff zu einer herrlichen Lobrede auf die Aufklärung des philoſophiſchen achtzehnten Jahrhunderts entlehnen.

Nachricht,
die Fortſetzung des neuen grauen Ungeheuers betreffend.

Mit dem Jahr 1796 wird dieſe Zeitſchrift regelmäſig alle Monate erſcheinen, es müßte denn durch einen Zufall an intereſſanten Materialien fehlen. In dieſem Falle wird jedoch die Verſäumniß erſetzt werden. Drey Hefte machen immer einen Band aus. Daher werden im Jahr 1795 noch zwey Hefte, wo möglich, geliefert werden.

Da dieſe Schrift hauptſächlich den Zweck hat, die freymüthige Stimme des größten Theils des Publikums vor die Ohren derer zu bringen, welchen Gewalt zu helfen oder zu ſchaden gegeben iſt; ſo wird der Redakteur, wie bisher, jedem zur Aufnahme geeigneten Aufſatze willig eine Stelle einräumen. Er bittet hiermit die verehrungswürdigen Männer, welche ihm Beyträge zugeſichert haben, feyerlich um Erfüllung ihres Verſprechens.

Die

Die vortrefliche Sicherheit der deutschen Gränzposten, und die lobenswerthe Vorsicht, alle aus Frankreich kommende Briefschaften zu erbrechen, hat mich ausser Stand gesetzt, in diesem Hefte mehr Nachrichten aus dem innern Frankreich mitzutheilen. Dieser Mangel soll in den nächsten Stücken ersetzt werden.

Das neue graue Ungeheuer hat zwar das Glück gehabt, in einem deutschen Lande bey Todesstrafe verboten zu werden. Man hat Nachforschungen nach dem Verfasser angestellt, und allzeit dienstfertige Schmeichler haben sich ein Vergnügen daraus gemacht, diesen oder jenen, dem sie gram waren, als Theilnehmer an dem ungeheuren Verbrechen, die Wahrheit laut gesagt zu haben, anzugeben.

Alle diese Verfolgungen, werden den Redakteur in seinem geraden Gange nicht irre machen da er unter einer aufgeklärten monarchischen Regierung zu leben das Glück hat.

Berichtigungen und offenherziger ehrlicher Tadel sind ihm immer willkommen, zumal, wenn ein so anständiger Ton dabey herrscht, als derjenige ist, mit welchem sich Herr Capitain von Beulwitz im Magazin der neuesten Kriegsbegebenheiten vertheidigt hat. Ein solcher Mann verdient Achtung, und diese zollt ihm auch derjenige gern und willig, dessen Meynungen hie und da von den seinigen abweichen.

Innhalt.

Seite

1. Andenken an einen Teutschen, der ein Opfer der fränkischen Revolution wurde 3
2. Schreiben eines Teutschen an Louvet 14
3. Deh- und wehmüthige Vorstellung an alle christgläubige Patrioten 41
4. Die Feinde der Menschheit 62
5. Note des Bürgers Grouvelle an den Magistrat zu Hamburg 77
6. Probe aus dem 2ten Theile der Wanderungen und Kreuzzüge von Anselmus Rabiosus dem jüngern 81
7. Anekdoten und Miszellen 102
8. Erinnerungen von la Riviere 106
9. Das Todengericht 112
10. Einige Fragen 131
11. Probe aus einer Schrift von Adrien Lezay 133